Le couple tendrement enlacé
de *Vertumne et Pomone* (1905, marbre)
évoque le temps de l'amour et du travail partagé avec Rodin,
alors que *Les Causeuses* (1897, onyx et bronze)
expriment un langage unique à Camille.

SOMMAIRE

CAMILLE CLAUDEL
LE GÉNIE EST COMME UN MIROIR

Hélène Pinet et Reine-Marie Paris

DÉCOUVERTES GALLIMARD
ARTS

Portrait Album
VICTOR PANNELIER PHOT
76, AVENUE DU MAINE PARIS
Medaille d'Argent Exposition Nationale 1880

« La vocation artistique est une vocation excessivement dangereuse et à laquelle très peu de gens sont capables de résister. L'art s'adresse à des facultés de l'esprit particulièrement périlleuses, à l'imagination et à la sensibilité qui peuvent facilement arriver à détraquer l'équilibre et à entraîner une vie peu d'aplomb... Il est bien rare que la vocation artistique soit une bénédiction. »

Paul Claudel

CHAPITRE 1

LES MYSTÈRES D'UNE VOCATION

Camille Claudel et son amie Ghita Theuriet posent, l'une en blouse de sculpteur, l'autre une palette à la main, au début de leur carrière (à gauche). Camille a 17 ans, elle vient de réaliser le buste de son frère Paul (ci-contre, en bronze), qui garde les traces de l'influence de son premier maître, Alfred Boucher.

Le 19 octobre 1943, en pleine Occupation, Camille Claudel, sculpteur, mourait d'un ictus apoplectique à l'asile psychiatrique de Montdevergues, aux portes d'Avignon, où elle venait de passer trente années de réclusion. Ses funérailles eurent lieu le lendemain, et furent bien « convenables » aux dires de l'abbé Félix Boutin, aumônier de Montdevergues. L'assistance se réduisait au personnel de l'hôpital et aux prêtres qui officiaient. On ne pouvait s'attendre à une foule.

Camille disparaissait à près de 79 ans, oubliée de tous, sauf de son frère Paul venu lui rendre une dernière visite en septembre. C'est à lui que furent envoyées quelques lettres de condoléances très émouvantes. « Toi qui l'as connue rayonnante de beauté, de jeunesse et de génie, qu'aurais-tu dit de ce visage de vieillard qu'elle tournait vers moi, mais où ne se peignait plus aucune souffrance, plutôt une espèce de bonheur et d'innocence enfantine… », répond-il à Ernest de Massary, beau-frère de leur sœur Louise.

Il est difficile, aujourd'hui encore, de rassembler les éléments épars de la vie de cette femme de génie, dont la personnalité déroutante fascinait autant qu'elle agaçait. À la différence de son frère Paul, Camille n'a laissé

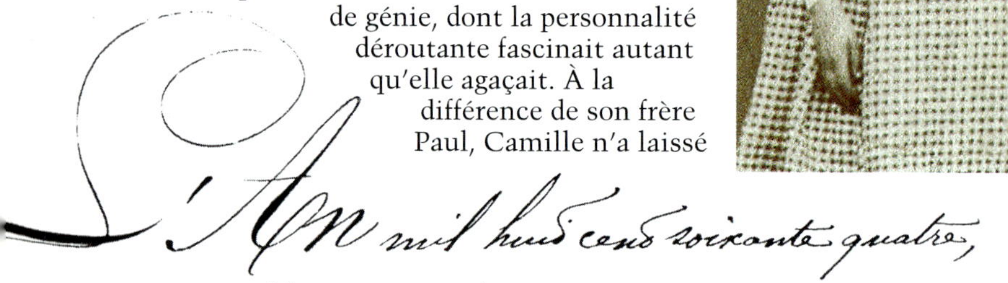

aucun texte notable, environ 200 lettres et à peine quelques souvenirs concernant ses parents, son pays natal, ses premières années. Seules quelques photos rescapées des archives familiales, l'important article que Mathias Morhardt lui consacre en 1898 dans le *Mercure de France* et les évocations tardives de Paul Claudel recueillies par le journaliste Jean Amrouche en 1952 constituent l'armature bien fragile d'une biographie incomplète.

« Il avait fait de sa famille un cercle fermé… »

Camille Claudel est la deuxième d'une famille de quatre enfants. La mort de Charles-Henri, décédé

Louis-Prosper Claudel a 38 ans à la naissance de Camille en 1864. Quelques années plus tard, il apparaît souriant et heureux au milieu de ses trois enfants : Camille à sa gauche, Louise à sa droite et Paul sur ses genoux, vêtu d'une robe comme c'est alors l'usage pour les petits garçons.

Bien qu'autoritaire, Louis-Prosper ne s'opposera pas aux vocations inattendues de Camille, de Paul et, à un degré moindre, de Louise. Il consentira de gros sacrifices matériels et affectifs pour installer sa famille à Paris, afin de donner aux uns et aux autres les moyens de réaliser leurs aspirations artistiques. Il est le premier à reconnaître le talent d'écrivain de son jeune fils. Louise, à qui on accorde une vocation de musicienne, suivra une route plus conforme aux aspirations bourgeoises et se mariera à 22 ans avec un magistrat originaire de Fère, Ferdinand de Massary. Quant à Camille, en dépit de son comportement agressif et violent, son père ne lui fera jamais défaut, répondant au fil des ans à ses demandes incessantes d'argent pour mener à bien ses sculptures.

quinze jours après sa naissance, fait de Camille, née le 8 décembre 1864, l'aînée de Louise, née le 26 février 1866, et de Paul, né le 6 août 1868. Par son père Louis-Prosper, Camille est lorraine. Il est né à La Bresse, modeste canton des Vosges ; son père était marchand boulanger, cultivateur et débitant de tabac. Le caractère de Louis-Prosper est en accord avec le paysage vosgien, âpre, sauvage et noir. « Une espèce de montagnard nerveux, emporté, coléreux, fantasque, imaginatif à l'excès, ironique, amer », dira plus tard de lui son fils Paul. Il est insociable et taciturne. Il n'a pas le goût de l'argent mais le respecte, comme ceux qui le gagnent durement. Prévoyant et soucieux de petites économies, il gère avec la plus grande application les biens de la famille, la ferme de Bellefontaine et les terres y attenant. Malgré des études classiques chez les Jésuites à Remiremont, il s'ancrera dans un anticléricalisme républicain.

Son métier de receveur de l'Enregistrement d'abord, puis de conservateur des hypothèques, le conduit à occuper différents postes avant d'être affecté en 1860 à Fère-en-Tardenois, une petite ville de l'Aisne. Le 3 février 1862, il y épouse une Champenoise, Louise-Athénaïse Cerveaux dont le père, Athanase Cerveaux, est médecin à Fère. Louise-Athénaïse a perdu à l'âge de 3 ans sa mère, Louise-Rosalie Thierry, dont elle a hérité, avec son frère, une petite maison qui donnait directement sur le cimetière, attenante à l'église de Villeneuve-sur-Fère – village situé à une dizaine de kilomètres de Fère – et un ensemble de biens fonciers.

L'alliance avec les Cerveaux revêt une grande importance sociale pour Louis-Prosper. C'est l'entrée en bourgeoisie de la famille Claudel par l'association d'une certaine richesse foncière et du savoir scientifique. Les photos montrent Louise-Athénaïse sans coquetterie, accablée par les malheurs : son unique frère, Paul, une tête brûlée, a été retrouvé noyé dans la Marne à l'âge de 23 ans et elle perd son premier-né, Charles-Henri, quinze jours après sa naissance. Paul décrira sa mère « d'un bout de la journée à l'autre, en train de coudre, tailler des vêtements, faire la cuisine ; pas un moment pour penser à elle, ni énormément aux autres, hors de la famille ». La pratique religieuse ne semble pas lui avoir apporté le réconfort attendu et

« Mon père quand il s'est marié, racontera Paul, était receveur dans l'Enregistrement, à Fère-en-Tardenois [page de droite, en haut]. C'est là qu'il a connu ma mère, fille d'un médecin. » Le couple s'installe alors dans l'ancien presbytère de Villeneuve, puis dans une maison beaucoup plus spacieuse, construite par l'oncle de Louise-Athénaïse, qui restera le point d'ancrage de la famille Claudel. Celle-ci déménage en 1870 pour Bar-le-Duc où Camille fait sa première communion (ci-dessus).

elle assistait à la messe plus par habitude et convenance que mue par une foi profonde. Distante, elle n'embrassait jamais ses enfants. À Villeneuve, la famille, très renfermée et farouchement orgueilleuse, vit en vase clos; les Claudel se suffisent à eux-mêmes et se « sentent très supérieurs aux autres ». L'atmosphère est austère, rythmée déjà de querelles incessantes... Louis-Prosper écrira à son fils en 1904: « Quel malheur que ces discussions, ces discordes en famille, cause d'immense chagrin pour moi. »

Les premiers balbutiements de Mademoiselle Claudel

En 1870, Louis-Prosper Claudel occupe son dernier poste comme receveur de l'Enregistrement à Bar-le-Duc. Camille a 6 ans. Elle va à l'école chez les sœurs de la Doctrine chrétienne. La ville n'est pas éloignée de Villeneuve. Elle ne recèle pas de trésors artistiques exceptionnels sinon le fameux *Écorché* de

De quinze ans plus jeune que son mari, Louise-Athénaïse (ci-dessous) est une femme de devoir. Orpheline de mère à 3 ans, elle a banni de son système d'éducation toute sentimentalité. Les descriptions de Paul, plus encore que de rares photographies, la présentent sans aucun souci d'élégance et d'un tempérament revêche. À la différence de son mari, Louise-Athénaïse ne comprend pas sa fille Camille et ne la chérit guère. Les aspirations artistiques de Camille lui sont étrangères et, en bonne maîtresse de maison, elle la réprimande chaque fois qu'elle la voit revenir de ses expéditions à la tuilerie voisine, les mains et les pieds maculés de terre. Elle reporte sa tendresse sur sa dernière, Louise, qui restera toujours près d'elle.

“Un front superbe, surplombant des yeux magnifiques, de ce bleu foncé si rare à rencontrer ailleurs que dans les romans, ce nez où elle se plaisait plus tard à retrouver l'héritage des Vertus [son grand-père Thierry avait épousé une demoiselle de Vertus, descendante de Louis d'Orléans, frère du roi Charles VI], cette grande bouche plus fière encore que sensuelle, cette puissante touffe de cheveux châtains, le vrai châtain que les Anglais nomment auburn, qui lui tombaient jusqu'aux reins.”

Paul Claudel, à propos de Camille [ci-contre]

Robert Godet, qui recevra souvent Camille avec Claude Debussy dans les années 1890, est le seul à évoquer « un petit défaut physique (léger déhanchement, légère claudication) [qui] ne faisait que rendre plus sensible l'effort en elle, l'effort par elle ». Comment croire que ce déséquilibre du corps, si léger soit-il, n'a pas eu des effets sur son caractère et sur son art ?

Je la revois, cette superbe jeune fille, dans l'éclat triomphal de la beauté et du génie, et dans l'ascendant, souvent cruel, qu'elle exerça sur mes jeunes années : telle que la photo

Ligier Richier de l'église Saint-Étienne. Camille s'en souviendra lorsqu'elle sculptera sa *Clotho* décharnée.

Pour l'heure, Camille modèle avec acharnement, sans qu'on puisse connaître l'origine de cet intérêt si précoce pour la sculpture. Ce n'est pas sur « la plus haute fourche du vieil arbre dans le vent » qu'elle contemple le théâtre du monde comme Paul, mais au contact de la terre en galopant dans la lande

sinistre du Geyn, toute couverte de bruyère et de sable blanc, où se découpent sur le ciel des roches aux formes monstrueuses comme si le diable en personne les avait déversées de sa hotte. Dans ce pays gris et pluvieux où hurle le vent, et où « la cloche sonne sans cesse le glas », décrit par Paul, Camille s'attaque à la matière. « Il serait infiniment intéressant de connaître les premiers balbutiements du talent de Mademoiselle Claudel, regrettera Mathias Morhardt, de voir les essais en terre qu'elle modelait toute petite fille et qui représentaient les personnages illustres ou cruels dont ses rêves d'enfant étaient pleins. »

Autoritaire, Camille l'est. Elle surveille et contrôle la tâche de chacun, « tandis qu'elle tord fiévreusement des boulettes, l'un bat la terre à modeler, l'autre gâche le plâtre, cependant qu'un troisième pose comme modèle » – jusqu'à épuisement. Elle enrôle les domestiques de la famille, Victoire Brunet et surtout Eugénie Plé qui deviendra par sa volonté, « le meilleur et le plus clairvoyant des praticiens ». Volontaire, violente et sarcastique, la jeune Camille a toujours le dessus dans les disputes familiales, et ne se prive pas de donner des gifles à son frère cadet pour le rappeler à l'ordre. Ce dernier se souviendra : « Nous avions chacun des tempéraments très violents. » Cependant, il reste le confident de ses projets et de ses trouvailles. Fasciné par cette sœur aînée, fière et rebelle, et déjà si sûre de sa vocation d'artiste, Paul gardera toujours le souvenir de « cette superbe jeune fille, dans l'éclat triomphal de la beauté et du génie, et dans l'ascendant, souvent cruel, qu'elle exerça sur [ses] jeunes années ».

❝Dans nos disputes fréquentes, je ne me rappelle jamais avoir eu le dessus, et d'ailleurs, s'il m'arrivait de présumer, quelques gifles bien appliquées avaient vite fait de me rappeler au sentiment de l'ordre normal.❞

Paul Claudel, cité par Gérald Antoine in *Paul Claudel ou l'Enfer du génie*

Paul (à gauche, vers l'âge de 13 ans) sera toujours subjugué par sa sœur. Un mélange explosif d'admiration et de répulsion, de tendresse et de cruauté unit le frère et la sœur marqués par la malédiction du génie.

Sur la route qui mène de Villeneuve à Coincy se dressent au milieu des bruyères de la forêt des grès aux formes fantastiques (ci-dessus), qui vont nourrir l'imagination de la jeune Camille. Baptisé La Hottée du Diable, le lieu a donné naissance à de nombreuses fables.

« Et puis alors s'est produit le cataclysme dans la famille »

En 1876, Louis-Prosper est nommé conservateur des hypothèques à Nogent-sur-Seine. Il s'agit d'une promotion, assortie d'un avantage financier. La maison des Claudel se situe rue Saint-Epoingt. Camille, Louise et Paul sont confiés à « un professeur excellent qui s'appelait M. Colin. C'était un journaliste, et un professeur d'occasion, mais qui avait véritablement la vocation de l'enseignement ». Ces années, qui laissent un très bon souvenir à Paul, sont capitales pour Camille. M. Colin, si bon pédagogue pour enseigner le calcul, l'orthographe et la littérature, ne sera pas son mentor. C'est Alfred Boucher, jeune sculpteur de 26 ans originaire de Nogent, qui conforte la vocation de Camille – vocation dans laquelle Paul verra un véritable cataclysme. Celle-ci trouve en lui le maître qui lui convient. Elle admire la manière de Boucher dont l'art expressif et rude ne manque pas d'intériorité. Lui-même

pressent que son élève a l'étoffe d'une artiste. En souvenir de ces années de formation, il lui dédicacera vers 1878 un plâtre, *Jeune Fille lisant*.

En septembre de l'année suivante, Louis-Prosper Claudel est muté à Wassy-sur-Blaise, en Haute-Marne. La spacieuse maison des Claudel est située en face de la mairie, non loin de l'église. Camille a 15 ans. Taraudée par sa vocation de sculpteur, elle entraîne à sa suite servantes, frère et sœur à la butte du Buisson-Rouge d'où ils rapportent la glaise nécessaire. Des études modelées par l'adolescente il ne reste que des souvenirs, évoqués une nouvelle fois par Mathias Morhardt, qui signale notamment un *Bismarck* à « la terrifiante physionomie ».

Paris ! le rêve enfin réalisé

La légende rapporte, à la suite de Paul Claudel, que c'est l'impérieuse Camille qui entraîne la famille à Paris, où se font et défont les carrières artistiques. La réalité est plus simple. Louis-Prosper, soucieux de donner la meilleure instruction possible à ses enfants, décide d'installer les siens dans la capitale : Camille pourra y suivre des cours de sculpture, Louise développer ses dons de pianiste et Paul recevoir l'enseignement qui convient à un futur normalien. Au printemps de 1881, la tribu Claudel se sépare en deux. La mère et les trois enfants s'installent à Paris et louent un appartement au

Le talent de modeleur d'Alfred Boucher (médaillon à gauche), né en 1850, fut décelé très tôt par le sculpteur Joseph Ramus, qui employait son père comme jardinier et sa mère comme cuisinière, à Nogent-sur-Seine. Dès 1866, Ramus l'associe à la confection de deux mascarons décoratifs pour le théâtre de la ville et le présente peu après au sculpteur déjà renommé Paul Dubois, lui aussi originaire de la région. En 1868, grâce à une bourse donnée par la ville de Nogent, Boucher part suivre les cours de Dubois et de Dumont à l'École des beaux-arts de Paris. C'est sans doute en 1877 qu'il donne ses premiers cours à Camille qui jusque-là n'avait suivi que son intuition.

Avec cette *Jeune Fille lisant* (page de gauche), Alfred Boucher fait un portrait tout en douceur où il est difficile de retrouver celui de Camille passionnée et autoritaire qu'en brosse sa famille, même si le sculpteur offre la statuette à sa jeune élève avant que les Claudel ne déménagent à Wassy-sur-Blaise. Leur nouvelle maison, à laquelle on accède par quelques marches, donne sur la rue principale (ci-contre).

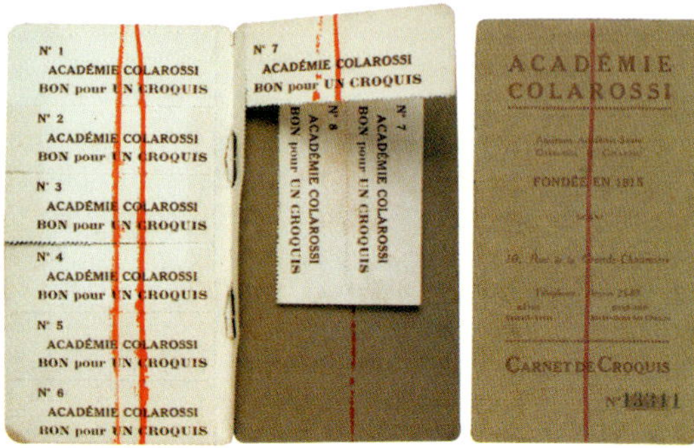

quatrième étage du 135 *bis*, boulevard Montparnasse ; Louis-Prosper reste à Wassy-sur-Blaise en attendant son affectation à Rambouillet, qu'il obtiendra en 1883 et qui le rapprochera de sa famille. C'est elle qui le plus souvent va le rejoindre à Rambouillet, lui venant à Paris plus rarement. Eugénie Plé, qui a servi les Claudel de Villeneuve à Paris en passant par Nogent et Wassy, est du voyage ; elle serait bien restée avec eux si Camille n'avait pas investi sa chambre pour en faire son atelier, la reléguant dans une soupente. Elle préféra repartir en province.

Alors que Paul, qui garde une profonde nostalgie de sa vie provinciale, est inscrit au lycée Louis-le-Grand, Camille suit les cours de l'académie Colarossi, sise rue de la Grande Chaumière. Si la jeune fille montre une détermination farouche à devenir sculpteur, elle n'est pas la seule femme à vouloir faire une carrière artistique. Cette même année, Hélène Bertaux fonde l'Union des femmes peintres et sculpteurs. Artiste, celle-ci mène depuis longtemps une action militante pour que les femmes puissent entrer à l'École des beaux-arts ; la vénérable institution, dont la plupart des professeurs sont membres de l'Institut, ne leur ouvrira ses portes qu'en 1897.

Avant cette date, les jeunes filles n'avaient d'autres solutions que d'engager un professeur ou de fréquenter une des nombreuses écoles privées qui fleurissent alors à Paris, où elles payaient le double du tarif appliqué aux hommes. La proximité de l'établissement fut sans doute décisive dans

Ce buste en plâtre (ci-dessous) est un témoignage du travail d'apprentissage de Camille. Il est l'une des répliques qu'elle exécute vers 1881 ; elle visite alors les musées en complément de ses cours à l'académie Colarossi. Le titre de *Diane* indique bien la référence classique du modèle.

le choix de la famille : l'académie Colarossi est à quelques pas de leur appartement, plus proche que l'académie Julian. La jeune fille côtoie rue de la Grande-Chaumière un milieu cosmopolite où Anglais, Américains, Japonais et Français se retrouvent pour dessiner d'après le modèle vivant ; les professeurs passent en général une fois par semaine dans les ateliers, donnant çà et là quelques conseils.

En reprenant l'académie Suisse créée en 1815, Colarossi lui donne son nom (page de gauche, en haut, bons d'atelier). Dans tous ces types d'ateliers (ci-dessus), le professeur se contente de passer une fois par semaine corriger les travaux des élèves.

« **Vous avez pris des leçons avec Monsieur Rodin !** »

En 1882, alors que Louise-Athénaïse et ses enfants emménagent au 111 de la rue Notre-Dame-des-Champs, Camille trouve un atelier quelques pas plus loin, au 117, qu'elle partage avec d'autres artistes, notamment des amies anglaises qu'elle a dû rencontrer à l'académie. Alfred Boucher, installé à Paris depuis 1868, accepte – sans doute sollicité par

Lors de son premier Salon, en 1883, Camille se réclamera de trois maîtres : Alfred Boucher (ci-dessus, en Italie en 1876), Paul Dubois, alors directeur de l'École des beaux-arts (page de droite, en haut), et, bien sûr, Auguste Rodin...

Camille – de surveiller les travaux des jeunes filles. De plus en plus confiant dans le talent de sa protégée, il la présente à son propre professeur, devenu son ami, Paul Dubois, alors directeur de l'École des beaux-arts. Frappé par l'originalité des petits groupes modelés par Camille, Dubois s'étonne : « Vous avez pris des leçons avec Monsieur Rodin ! » Camille répond qu'elle n'a jamais entendu parler de lui. Il est permis d'en douter sachant que Boucher était un de ceux qui avaient défendu Rodin de l'humiliante accusation de moulage sur nature de *L'Âge d'airain*. Et, depuis la commande passée par l'État pour *La Porte de l'enfer* en 1880, Rodin est un artiste dont on commence à parler, même si, d'après Léon Daudet, « il était encore très discuté, principalement par les gens qui n'y entendaient rien ». Les deux sculpteurs, bien qu'ils s'apprécient mutuellement, mènent des carrières bien différentes : Boucher suit une voie traditionnelle, tracée par ses bonnes relations avec Paul Dubois, alors que Rodin, pourtant plus âgé de dix ans, doit encore se battre pour asseoir sa réputation.

D'ailleurs, lorsque Boucher a l'occasion de partir étudier à Florence en 1882, grâce à la bourse qu'il obtient en remportant le grand prix du Salon de 1881 avec son plâtre *La Piété filiale*, c'est à Rodin qu'il demande de le remplacer auprès de ses élèves de la rue Notre-Dame-des-Champs, lui recommandant tout particulièrement Camille.

Victoire Brunet, servante alsacienne au service des Claudel, fut aux côtés de Paul le premier modèle de Camille. C'est elle qui pose pour le buste de *La Vieille Hélène* (en bas). Ce visage buriné, trahit une exagération naturaliste où l'on retrouve l'influence d'Alfred Boucher. Avec ce buste, le thème de la vieillesse fait son entrée dans l'œuvre de Camille. On y trouve déjà les caractéristiques essentielles de ses portraits : port de tête renversé et fier, mimique de la bouche.

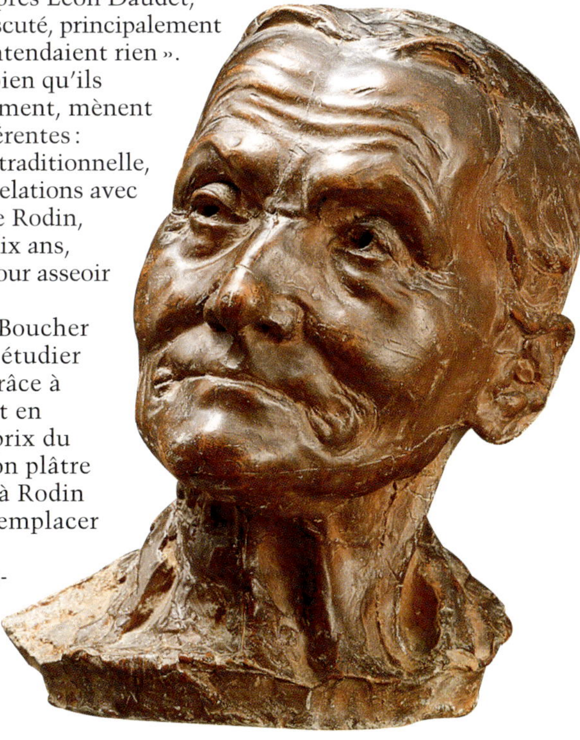

« Je t'embrasse les mains mon amie, toi qui me donnes des jouissances si élevées, si ardentes, près de toi, mon âme existe avec force et, dans sa fureur d'amour, ton respect est toujours au-dessus. Le respect que j'ai pour ton caractère, pour toi ma Camille est une cause de ma violente passion, ne me traite pas impitoyablement je te demande si peu. »

Auguste Rodin, lettre à Camille Claudel, s. d. [vers 1886]

CHAPITRE 2

UNE DOUBLE PASSION

« Tout de suite, il devient, non le professeur, mais le frère plutôt de la jeune artiste, comme celle-ci deviendra plus tard sa fidèle et son intelligente collaboratrice. » Mathias Morhardt évoque ici avec retenue les liens de « Mademoiselle Camille » (à gauche) et de « Monsieur Rodin ». En 1886, Camille fera le buste de son amant (ci-contre, en bronze), de 24 ans son aîné.

Rodin

En 1882, Rodin a 42 ans, il est « visiblement athlétique [...] le geste très doux, timide même, le regard à la fois ingénu et visionnaire sous le binocle du myope, des mains larges et affinées de formiste, le front dantesque, large et bas, raviné du sillon vertical qu'y creuse le soc de la pensée ». Le sculpteur découvre, depuis qu'il a reçu en 1880 la commande de *La Porte de l'Enfer* destinée au futur musée des Arts décoratifs, le bonheur d'avoir un, deux, puis trois ateliers au Dépôt des marbres, rue de l'Université, où l'État entrepose des blocs de pierre et les sculptures retirées des places publiques. Il peut enfin sculpter librement, avoir des modèles, diriger une équipe qu'il a lui-même choisie et... cesser de travailler à la Manufacture de Sèvres. L'année 1882 est celle des premiers succès critiques : Paul Leroi le fait entrer dans les pages prestigieuses de *L'Art* et Edmond Bazire, journaliste à *L'Intransigeant*, prend sa carrière en main. Malgré cette nouvelle notoriété et ses nombreux projets, Rodin accepte la proposition d'Alfred Boucher de le remplacer auprès de ses élèves. Peut-être voit-il dans cette nouvelle fonction la marque d'une certaine reconnaissance.

« En vérité, ce n'était qu'une barbe percée de deux yeux et montée sur pattes, qui s'avançait comme la forêt de Macbeth, dissimulant un homme », écrit le journaliste Émile Bergerat la première fois qu'il croise Rodin. Malgré la commande de *La Porte de l'Enfer,* le sculpteur pratique l'économie la plus stricte à son atelier et accepte encore de petits travaux de décoration. D'après son ami Coquiot, il est alors « un fou furieux de travail » car il lui faut encore se battre pour s'imposer, comme au Salon de 1883 où son *Saint Jean-Baptiste* est mal présenté.

Camille est l'âme du groupe

L'univers féminin de la rue Notre-Dame-des-Champs, que Camille partage entre autres avec deux Anglaises, Amy Singer et Emily Fawcett, diffère sous bien des aspects de l'atelier de la rue de l'Université. Installées au rez-de-chaussée, les jeunes artistes en ont fait un lieu chaleureux, décoré de tentures, meublé d'un piano, d'une table et de quelques chaises pour recevoir

Fin 1884, Rodin reçoit la commande d'un *Monument aux Bourgeois de Calais*. Il modèle les six personnages en terre plus grands que nature et, selon la méthode classique, travaille d'abord les corps nus avant de les vêtir. Il loue un atelier rue de Vaugirard, où le photographe a peu de recul pour saisir ces grandes « machines de terre mouillée » décrites par Goncourt. On voit Rodin ici en blouse de travail avec deux de ses élèves, Jessie Lipscomb et une autre jeune femme que l'on devine être Camille.

les amis de passage. D'après Mathias Morhardt, Camille, comme dans son plus jeune âge, « est l'âme du groupe. Elle choisit les modèles. Elle indique la pose. Elle distribue la besogne. Elle assigne à chacune sa place ». Ce n'est pas un rôle facile, les modèles ne se montrent pas toujours de bonne composition; Rodin évoque ainsi Pignatelli qui posa pour *L'Homme qui marche* et *Saint Jean-Baptiste* : « un être épouvantable, capable de cruauté » qui « avait la méchanceté raffinée d'un civilisé et la fourberie d'un sauvage ».

Quand Rodin passe, les jeunes filles sont fières de lui présenter leurs travaux, guettant sans doute une critique ou un mot d'encouragement. Il leur enseigne ce qu'il a appris à la Petite École, l'importance de l'observation – il répétera sa vie durant : « Quand on suit la nature on obtient tout » – et surtout la théorie des profils, c'est-à-dire « à modeler toutes les surfaces d'une statue simultanément en en faisant continuellement le tour », technique où il excelle, faisant surgir de la glaise en un rien de temps un visage, un torse, un bras ou un pied.

L'Homme penché (à gauche), version nouée et accablée du *Penseur* de Rodin, est sans doute une des œuvres de Camille les plus inspirées par son maître. La contorsion du personnage, l'exagération de certains détails anatomiques et le rendu expressionniste de la musculature marquent une époque où l'influence de Rodin se fait tout particulièrement sentir.

Le peintre Léon Lhermitte, que Rodin appréciait tout particulièrement, est le premier en 1883 à associer leurs deux noms dans une de ses lettres : « C'est avec infiniment de plaisir que j'ai vu la figure d'homme de Mlle Claudel. Cela fait on ne peut plus honneur à votre enseignement. » Ces quelques lignes fixent, une fois pour toutes, la répartition des rôles entre maître et élève – dont Camille tentera de se défaire jusqu'à la folie. Mais, cette année-là, Rodin peut se montrer satisfait car deux de ses élèves ont été retenues pour le Salon des Artistes français où, sur les 1 147 sculpteurs, 100 étaient des femmes. Camille présente un plâtre, le *Buste de Mme B...*, et Thérèse Caillaux un *Buste d'André* et *Le Porte-drapeau du bataillon scolaire*. Le Salon est l'événement qui rythme alors la vie artistique du XIXe siècle, le lieu où chaque année les artistes peuvent enfin présenter leurs nouvelles créations à un large public, certes une fois passée l'épreuve du jury, composé de membres de l'Académie. Cet aréopage d'esprits conservateurs choisit non seulement les œuvres mais

leur emplacement et celles qui reçoivent un prix. C'est là aussi que l'État choisit ses futures commandes.

L'atelier du Dépôt des marbres

Rodin, qui avait échoué trois fois au concours d'entrée à l'École des beaux-arts, avait été jusqu'à 40 ans praticien pour d'autres sculpteurs et, bien qu'ayant souffert de ce statut, il n'a jamais encouragé ses collaborateurs à suivre un enseignement académique. Pour lui la meilleure formation est de

D'après Mathias Morhardt – qui y voit « un admirable morceau de nu [...] d'une souplesse où la vie frémit » –, la *Femme accroupie* (page de gauche, en bas) est la première œuvre que Camille modèle alors qu'elle travaille dans l'atelier de Rodin.

travailler dans l'atelier d'un artiste confirmé. Les propos qu'il tiendra à Ernest Nivet en 1893 sont sans doute ceux qu'il développe déjà auprès de ses meilleures élèves, et plus particulièrement de Camille, dont il a « tout de suite constaté qu'elle tenait de sa nature même un admirable, un incomparable tempérament d'artiste » : « Le moyen énergique à prendre, c'est de faire la pratique pour gagner votre journée. Et de temps en temps, vous prendrez quelques jours pour faire de la sculpture. Vous ferez beaucoup plus de progrès que d'aller à l'École, car vous perdrez votre temps. »

En 1883, Camille expose pour la première fois au Salon des Artistes français, créé l'année précédente au palais des Champs-Élysées. Elle y exposera chaque année jusqu'en 1889, puis suivra Rodin et, de 1892 à 1899, présentera ses œuvres à la Société nationale des beaux-arts, salon concurrent créé en 1890.

Il reste difficile de fixer avec précision la date à laquelle Camille commence à travailler dans l'atelier de Rodin; sans doute en 1884, alors qu'il obtient la commande pour un *Monument aux Bourgeois de Calais* et qu'il doit engager du personnel. Pour que les convenances soient sauves et prévenir les réticences de sa famille, Camille est accompagnée de Jessie Lipscomb, qui avait rejoint l'année précédente le petit groupe de la rue Notre-Dame-des-Champs. Celle-ci avait été recommandée par deux amis de Rodin, Édouard Lanteri et Alphonse Legros, dont elle avait suivi les cours à la prestigieuse Slade School de Londres, où les deux Français étaient respectivement professeur et directeur. À son arrivée à Paris, l'artiste anglaise, qui avait alors 22 ans, prend pension chez les Claudel pour 200 francs par mois. Les deux jeunes filles ne se quitteront plus guère au cours de leurs années de formation, allant ensemble dessiner au Muséum d'Histoire naturelle ou encore au Louvre. Jessie va jouer un rôle important et inconfortable : messagère de confiance entre Camille et Rodin et garante du sérieux de leur travail auprès de la famille Claudel.

C'est grâce au photographe amateur William Elborne, venu en 1887 à Paris retrouver sa fiancée Jessie Lipscomb, que l'on découvre l'atelier loué par les jeunes artistes, rue Notre-Dame-des-Champs. Réunies autour d'une table, détendues, cigarettes à la main, Camille, sa sœur Louise à droite et Jessie à gauche font la pause autour d'une tasse de thé, et posent comme des collégiennes.

Un registre du cabinet d'anatomie du Muséum d'Histoire naturelle (en haut), où allaient étudier les artistes, conserve la trace du passage de Camille, le 11 avril 1886.

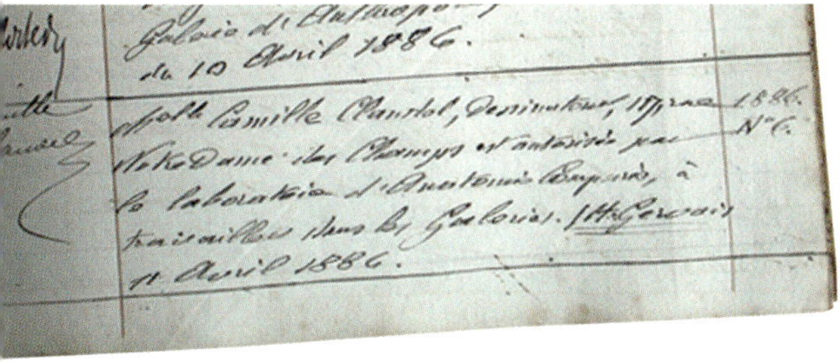
Galerie d'Anthropologie
du 10 Avril 1886.
Melle Camille Claudel, dessinateur, 117 rue Notre-Dame des Champs est autorisée par le laboratoire d'Anatomie comparée, à travailler dans les Galeries.
11 Avril 1886.
1886. N° 6.

On imagine sans peine la fierté des deux élèves d'être admises dans le sanctuaire de la rue de l'Université, où *La Porte de l'Enfer* se recouvre d'une multitude de petites figurines en plâtre, où Rodin travaille à des bustes de commande ou de circonstance, *Victor Hugo*, *Madame Vicuña*, *Madame Roll* et *Rochefort*. Elles ne sont plus seulement des élèves mais des chevilles ouvrières dans un univers d'hommes où la besogne exige force et résistance physique. Elles doivent s'intégrer dans une équipe déjà constituée, où praticiens, mouleurs et modèles se côtoient et où chacun a une activité bien précise.

Certains visiteurs découvrent dans un coin de l'atelier cette jeune fille « silencieuse et diligente », œuvrant sans bruit, que décrit Mathias Morhardt, le premier et l'unique chroniqueur de cette période. Le travail est ingrat, les journées sont longues et fatigantes. La tradition veut que Camille taille les mains et les pieds des sculptures de Rodin. C'est le lot de tous ceux qui travaillent pour un artiste, le maître signe la production qui sort de son atelier. Rodin avait connu le même sort quand il travaillait pour Carrier-Belleuse à Paris et à Bruxelles. Seuls les plus chevronnés arrivent à sortir de ce système pour mener

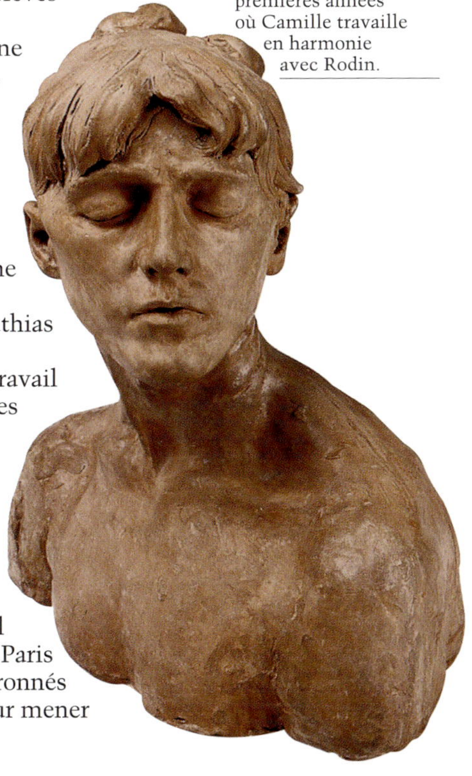
Ce buste singulier de *Jeune femme aux yeux clos* (ci-dessous), donné en 1913 par la mère de Camille à l'abbé Godet, alors curé de Villeneuve, est une découverte récente. Il évoque les portraits que Rodin modèle au milieu des années 1880, notamment celui de *Madame Vicuña*, femme de l'ambassadeur du Chili de l'époque. Grâce à cette parenté esthétique et au buste de Louise, réalisé par Camille vers 1885, on peut dater cette terre cuite des premières années où Camille travaille en harmonie avec Rodin.

une carrière d'artiste et non plus d'artisan; seuls les plus volontaires et les plus talentueux peuvent abandonner la pratique pour la sculpture.

Comme le rappelle François Pompon, « pour être un bon praticien, il ne suffit pas d'être un bon sculpteur, il faut aussi apprendre le style du maître ». Toute l'ambiguïté est là, modeler à la manière de Rodin pendant les heures passées au Dépôt des marbres et retrouver ses gestes et son style propres une fois passée la porte. Mais Camille, qui occupe une place de plus en plus importante dans l'atelier, est prête à affronter toutes ces difficultés. Rodin la consulte sur tout, elle lui fait part de ses idées, car elle en a « toujours plutôt trop que pas assez ». Rodin n'a d'yeux que pour elle.

Peu avant sa rencontre avec Camille, Rodin sculpte le portrait de sa compagne, Rose, alors âgée de 38 ans (ci-dessus).

Monsieur Rodin est amoureux, éperdument amoureux. Après des années de dur labeur, il prend enfin le temps de lever la tête de son ouvrage, et découvre le regard de Camille qui le trouble tant. Qu'y trouve-t-il ? De l'admiration sans aucun doute, de la passion peut-être. Et elle, que lit-elle en retour ? La reconnaissance de son génie artistique et un amour éperdu. Camille répond aux désirs les plus fous de Rodin. Le bonheur d'être toujours compris, de voir son attente toujours dépassée a été une des grandes joies de sa vie.

Rien de comparable avec les relations qu'il a nouées vingt ans auparavant avec Rose Beuret, petite cousette de 18 ans du quartier des Gobelins, qui a été, elle aussi, son modèle et avec qui il habite rue du Faubourg-Saint-Jacques. Si l'habitude a remplacé la passion des premiers jours, Rodin montre encore, dans les lettres qu'il lui adresse lors de ses déplacements, beaucoup d'affection. Ainsi en 1879, il lui écrit de Strasbourg : « Ah petite Rose, je voudrais qu'une fée bienfaisante t'enlève dans les airs et qu'elle t'apporte près de moi, j'aurais assez envie de... Oh mais j'allais dire des bêtises. Enfin je t'embrasse de tout mon cœur. »

Les rôles joués par Camille dans la vie de Rodin sont multiples : elle devient successivement ou simultanément élève, modèle, assistante, inspiratrice, compagne et confidente. Si, pour des questions de convenances, il n'a pas sculpté son corps, Rodin modèle le visage de sa bien-aimée à de nombreuses reprises. La première fois, vers 1884, c'est une simple petite tête (ci-contre). Un visage juvénile et pensif, qui regarde droit devant lui, proche des portraits boudeurs de la jeune fille révélés par la photographie. C'est l'époque où, raconte Morhardt, « tous ceux qui ont fréquenté l'atelier de l'Université se la rappellent. Silencieuse et diligente, elle reste assise sur sa petite chaise [...]. Uniquement occupée à sa besogne, elle pétrit la terre glaise et modèle le pied ou la main d'une figurine placée devant elle ».

Cet air songeur, que l'on retrouve dans la *Jeune Fille au bonnet* (page de gauche, en bas), puis dans *La Pensée* en marbre de 1895, trouve un écho dans les lettres que Camille adresse à Rodin : « Il y a toujours quelque chose d'absent qui me tourmente. »

Elle est surtout celle qui prend soin des moules, qui mouille les terres pendant ses longues absences, celle qui « ménage bien l'argent », s'occupe du père malade du sculpteur et bien sûr de leur fils, Auguste, qu'il ne reconnaîtra jamais, celle enfin qui rassure et fait patienter les praticiens quand Rodin n'a pas assez d'argent, c'est-à-dire tout le temps. Le temps est passé par là et Rose n'a pas suivi l'évolution sociale de Rodin. Il peut compter sur elle, bien sûr, mais il ne partage plus avec elle ce qui est toute sa vie : la sculpture. Rose sera pourtant la rivale de Camille ; il modèle son visage peu de temps avant celui de sa jeune élève.

« C'est le cœur qui modèle »

Si l'esprit néo-florentin du chef de file Paul Dubois et de son premier maître Boucher se fait sentir dans les premières sculptures de Camille, les œuvres

qu'elle modèle dans les années 1880 reviennent à une esthétique plus naturaliste, et certaines sont d'un esprit éminemment rodinien; elles sont la création du dialogue qui s'instaure entre Rodin et elle, doublé de la joie de se comprendre mutuellement. Les rapports étroits, l'intimité qui s'installe rendent difficile l'exercice qui consiste à attribuer à l'un ou à l'autre une idée ou une forme. Pendant la période où ils travaillent de connivence, la main de Camille se confond avec celle de Rodin dans certaines œuvres du sculpteur et, *a contrario*, certaines esquisses modelées par Camille s'identifient aux damnés de *La Porte de l'Enfer* et des *Bourgeois de Calais*. Une étude pour *L'Avarice* devient sous la signature de Rodin *L'Avarice et la Luxure.* Il arrive même que certains exemplaires d'une sculpture, comme *Tête de rieur,* portent tantôt la signature de Camille, tantôt celle de Rodin. D'autres œuvres ne prêtent pas à confusion : en 1887, Camille modèle en terre *La Jeune Fille à la gerbe* dont on retrouve l'attitude à l'identique dans la *Galatée* que Rodin taille en marbre et signe en 1889.
Les modèles comme les idées passent d'un atelier à l'autre : on retrouve ainsi les traits de l'Italien qui pose rue de l'Université comme rue Notre-Dame-des-Champs dans les bustes réalisés par Camille et par Jessie, *Giganti.* Les jeunes filles ne se posent pas encore de questions, elles apprennent.

L'amour de Rodin et Camille est demeuré longtemps secret. Il reste peu de lettres de l'un

Jusqu'à la fin du XIXe siècle, la plupart des modèles qui posent dans les ateliers sont italiens. Peintres et sculpteurs s'échangent leurs noms et leurs caractéristiques physiques : très musclé, pas assez vieille…
Ils jouent un rôle considérable et peuvent, par un mouvement ou une attitude, aider un artiste à trouver « la » forme ou « le » geste tant recherché.
Le modèle dont on retrouve nom et adresse dans un répertoire de Rodin (à droite), et qui pose pour le *Giganti* de Camille (à gauche), est assurément de ceux-là.
Le personnage inspire aussi Jessie Lipscomb qui, comme Camille, donne le nom, ou plutôt le surnom du modèle à l'un de ses bustes.
Toutefois, ce n'est pas un modèle qui inspire Rodin pour sa *Galatée* (ci-dessous), mais la sculpture même de son élève, *La Jeune Fille à la gerbe* (ci-contre, à droite).

ou de l'autre, et l'on est tenté de lire dans leurs sculptures le déroulement de leur relation. C'est Rodin qui montre la voie. Le thème du couple, jusque-là absent, envahit son œuvre, le sculpteur découvrant la sensualité du corps féminin. *L'Éternel Printemps* puis *La Danaïde* exposent au grand jour cette nouvelle présence féminine auprès de lui.

Il semble infatigable : aux innombrables bustes qu'il modèle, il faut ajouter les commandes importantes comme le *Bastien-Lepage* en 1886, le *Claude Lorrain* en 1889. Camille n'est pas en reste et paraît portée par le même souffle : à côté de ses travaux pour le maître, elle trouve le temps de modeler les bustes de Jessie Lipscomb (1883-1885), de *Paul à 16 ans* (1884), de sa sœur Louise (1885). Les deux amants font preuve d'une énergie créatrice étonnante, se nourrissant l'un l'autre.

La vie des siens

En 1885, les Claudel déménagent une nouvelle fois pour s'installer au sixième étage sans ascenseur du 31, boulevard de Port-Royal. La maison de Villeneuve reste le point d'ancrage où la famille retourne trois à quatre mois par an. Il leur arrive à tous de passer une partie des vacances d'été chez l'oncle Isidore Gégout, épicier et marchand de tabac à Gérardmer, non loin de l'oncle Charles Claudel qui possède à Docelles la papeterie du Vraichamp. Camille profite de ces séjours pour peindre et sculpter ses proches, pour croquer au fusain les paysans des fermes avoisinantes dont son père parle le patois. Ses premières « assistantes », Eugénie Plé et Victoire Brunet, mais aussi son amie d'enfance Maria Paillette, qui gardera précieusement son portrait à la toilette, sont tour à tour ses modèles.

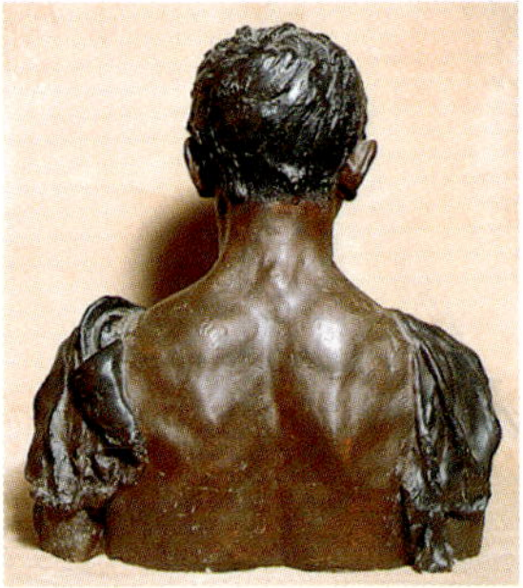

Mon frère ou *Jeune Romain* est le deuxième buste de Paul que Camille réalise. Le sculpteur recourt à nouveau au costume antique. Ce plâtre patiné (à gauche) à l'imitation des terres cuites de la Renaissance italienne est un souvenir des bustes florentins que Boucher et Dubois lui ont fait découvrir. En 1886-1887, Alphonse de Rothschild l'appréciant en fera couler en bronze plusieurs exemplaires pour les offrir aux musées d'Avignon, de Toulouse, de Toulon et de Tourcoing.

Louise, musicienne douée mais qui ne fit pas carrière, a toujours jalousé Camille. Cela n'empêche pas l'artiste d'exécuter plusieurs portraits de sa cadette, dont ce buste à « la grâce un peu malicieuse » qui rappelle les terres cuites du XVIIIe siècle qu'admirait Rodin.

Paul, qui ne s'est jamais complètement adapté à la vie parisienne, a découvert à Louis-le-Grand un grand lycée parisien où les classes ne comptent plus huit élèves comme au collège de Wassy mais quarante. Il a pour condisciples dans la classe de philosophie d'Auguste Burdeau – un inconditionnel de Kant –, Alphonse Daudet, Marcel Schwob et Romain Rolland; d'un naturel peu communicatif, il ne se liera avec eux que quelques années plus tard.

À 17 ans, il est reçu au baccalauréat et, à la surprise de son père et de sa mère, il se détourne d'une carrière universitaire toute tracée pour s'inscrire à l'École libre des sciences politiques tout en préparant une licence en droit. Il a envoyé à Mallarmé quelques échantillons de ses poèmes qui retiennent l'attention du poète et, dès cette année-là, le jeune homme semble admis dans le cénacle de la rue de Rome. Albert Mockel se souviendra de Paul « qui ne saluait personne, restait silencieux ou maugréait, ne répondant que par monosyllabes ». Une attitude réservée qui n'est pas sans rappeler celle de Camille à ses débuts dans l'atelier de Rodin. D'ailleurs, sa sœur l'accompagne parfois ; il y avait peu de femmes dans ces réunions du mardi où Pierre Louÿs, André Gide, Ferdinand Herold, Claude Debussy, James Whistler sont captivés par le don de parole incomparable de Mallarmé que Paul considère comme son « professeur d'attention ». Valéry, ému, rappellera à Paul, longtemps après, « qu'un soir rue de Rome, il ne vit que Camille Claudel et ses admirables bras ».

C'est une des rares images des Claudel posant au complet, autour de Camille, sur le balcon de leur appartement du boulevard de Port-Royal. Le père, accoudé à la rambarde, ne vient que rarement à Paris, sa femme et ses enfants le rejoignant le plus souvent à Rambouillet puis à Compiègne.

Escapade anglaise

Grâce aux lettres de Camille qui ont été conservées dans les familles de ses amies anglaises, on a force détails sur le premier voyage qu'elle va entreprendre en Angleterre, au printemps de 1886. L'épisode, anodin en soi, prend un relief particulier par les précisions

qu'il apporte sur ses rapports avec son entourage, en particulier avec Rodin. Apparemment contrariée, Camille souhaite mettre un peu de distance entre elle et le sculpteur et, animée comme son frère de ce désir permanent de partir au loin, elle traverse la Manche au mois d'avril 1886 pour rejoindre Jessie chez ses parents, à Peterborough. Rodin, que cette séparation plonge dans l'angoisse, s'empresse de la suivre, prenant pour prétexte l'invitation à Londres d'un de ses élèves, Gustav Natorp. Mais Camille ne se manifeste pas et c'est à Jessie, sa « chère élève », qu'il écrit pour plaider sa cause auprès de sa « chère têtue », qu'il retrouve brièvement chez les Lipscomb. En juillet, elle séjourne à Frome, chez Amy Singer dont le père dirige une fonderie, d'où elle part en excursion à Bath, Wells et Bristol. Elle termine son périple anglais par un séjour sur l'île de Wight au mois d'août. Elle est reçue chez Florence Jeans, une amie de Jessie, dont la famille loue, à Shanklin, « une petite maison au bas de la falaise, si près de la mer que les fortes marées mouillent quelquefois les haies de fuchsias du jardin ».

Paul l'accompagne. Le frère et la sœur retrouvent sans doute à l'occasion de ce voyage la connivence qui les lie. Les journées sont ponctuées de promenades et de baignades que Paul décrira dans un article signé *Paul Servan*. Camille dessine les pêcheurs de l'île et le docteur Jeans, père de son amie. Rodin s'impatiente. Si Paul n'était pas encore au courant de sa liaison avec sa sœur, il est probable qu'il l'ait appris à l'occasion de ce voyage. Blessé dans son affection pour Camille, il réagit avec la même intransigeance que son aînée. « Je suis comme ma sœur, d'un caractère violent et orgueilleux et peu sociable, sauvage comme on dit », reconnaîtra-t-il. L'épisode se situe après que Paul a découvert Rimbaud dans les

À la fin du XIXe siècle, un questionnaire, faussement attribué à Proust car il y a répondu à plusieurs reprises, circule dans le milieu artistique de part et d'autre de la Manche. Mallarmé et Debussy se prêtent au jeu ; en mai 1888, Camille va inscrire, d'une plume impertinente, ses réponses sur le recueil intitulé *Confessions* de son amie anglaise : YOUR FAVORITE QUALITIES IN MAN. *Obéir à sa femme* YOUR FAVORITE QUALITIES IN WOMAN. *Bien faire enrager son mari…*

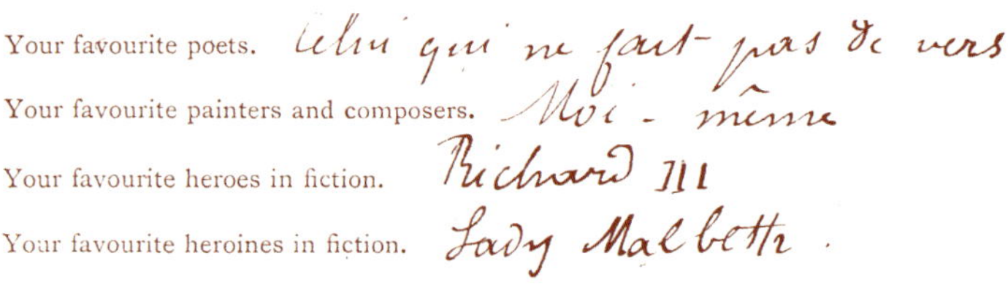
Your favourite poets. Celui qui ne fait pas de vers
Your favourite painters and composers. Moi-même
Your favourite heroes in fiction. Richard III
Your favourite heroines in fiction. Lady Macbeth.

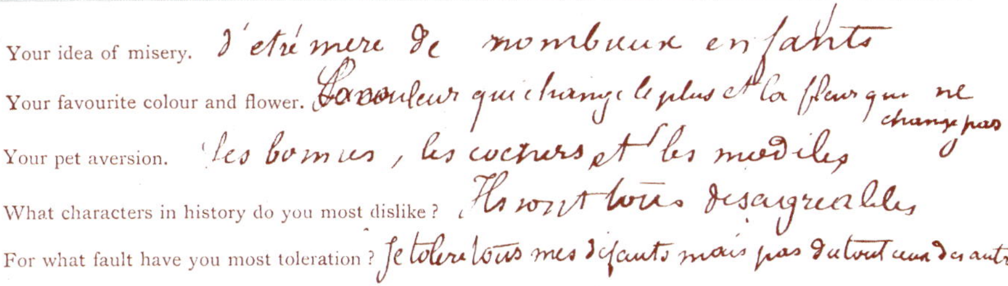
Your idea of misery. d'être mère de nombreux enfants

Your favourite colour and flower. La couleur qui change le plus et la fleur qui ne change pas

Your pet aversion. les bonnes, les cochers et les modèles

What characters in history do you most dislike? Ils sont tous désagréables

For what fault have you most toleration? Je tolère tous mes défauts mais pas du tout ceux des autres

premiers numéros de *La Vogue* où ont paru les *Illuminations* et *Une saison en enfer*, lecture qui sera suivie d'une découverte de la foi, alors qu'il assiste aux vêpres du 25 décembre 1886 à Notre-Dame de Paris. C'est à Camille, « l'audacieuse, l'affranchie » qui « les avait complètement séparés de la religion », qu'il se confie; il ne parlera de cette conversion à sa famille qu'en 1890. *La Vie de Jésus* de Renan, l'« ignoble ouvrage », « plein d'insinuations venimeuses et de véritables injures contre tous les fondateurs de notre Église », est à l'origine de l'abandon des idées religieuses de sa sœur, et comme elle « donnait le branle à tout, personne ne discuta, tout le monde suivit; ma mère également ». Paul se souviendra toute sa vie de ses propos sarcastiques, de « la féroce raillerie » qu'elle exerce à son égard et qui sera encore plus forte après cet aveu. Pourtant, ironie ou

Lors de son premier séjour à Shanklin, sur l'île de Wight (ci-dessus), en août 1886, Camille en profite pour dessiner au fusain son amie Florence Jeans.

affection, elle lui offre à cette occasion une bible protestante qu'une amie allemande lui avait offerte autrefois.

Malgré les lettres pressantes de Rodin, qui se propose d'aller les attendre à la descente du bateau et de visiter les villes du nord de la France avant que les jeunes Claudel ne se rendent à Villeneuve, Camille ne rentre à Paris qu'en septembre, après s'être assurée que son *Giganti*, qui avait été exposé à la Royal Academy de Londres – l'équivalent du Salon des artistes français –, le serait à Nottingham.

Le temps des promesses

À Rodin qui se plaint parfois dans ses lettres d'être malade ou fatigué, Camille répond, très agacée : « Je suis sûre que vous avez encore fait des excès de nourriture dans vos maudits dîners, avec le maudit monde que je déteste, qui vous prend votre temps et votre santé et ne vous rend rien. » Il est vrai que le sculpteur se plie assez volontiers aux règles de la vie mondaine et particulièrement au rite des banquets. On le voit chez Juliette Adam, chez les Ménard-Dorian, aux dîners des Bons Cosaques, de La Vrille, des Pris de Rhum, qui sont autant d'occasions de nouer des liens entre artistes, gens de la presse et gens du monde. Si Camille n'est pas de toutes les sorties, on les voit beaucoup ensemble et les amis de Rodin ne manquent plus de saluer, à la fin de leurs lettres, l'élève, devenue la compagne officielle. Et cela d'autant plus que très peu de personnes connaissent alors l'existence de Rose.

La jeune fille semble profiter de la détresse que son départ a suscitée pour exiger de son amant un

Dans ses lettres à Florence Jeans, Camille – ici photographiée en tenue de ville par Carjat, photographe bien en vue – se révèle une jeune femme coquette : « Je vous envoie l'échantillon d'une nouvelle robe que j'ai achetée », ou encore : « Je vous envoie des gravures des robes les plus à la mode ici ; on ne voit que cela à peu près, c'est charmant et très simple. »

peu plus de constance et surtout d'exclusivité. Rodin, fou d'amour, lui adresse une lettre sans plus aucune retenue. « Ma féroce amie, commence-t-il, je sens ta terrible puissance [...] je ne puis plus passer un jour sans te voir. » On devine à travers ses propos les reproches de Camille : « sois assurée que je n'ai aucune femme en amitié, et toute mon âme t'appartient [...]. Dans quelle ivresse je vis quand je suis auprès de toi. » Cette longue déclaration, écrite par un homme égaré par la passion, ne suffit pas à calmer Camille. Rodin rédige un curieux contrat : « Pour l'avenir à partir d'aujourd'hui 12 octobre 1886, je ne tiendrai pour mon élève que Mlle Claudel et je la protégerai seule par tous les moyens que j'aurai à ma disposition par mes amis qui seront les siens, surtout par mes amis influents [...]. Il sera fait une photographie chez Carjat dans le costume que Mlle Camille portait à l'académie, toilette de ville. » Le sculpteur promet bien des choses, dont le mariage – qu'il n'a en fait jamais envisagé, pas plus avec elle qu'avec Rose. Camille, rassurée, se lance dans un projet d'envergure, une réponse en quelque sorte aux lettres enflammées de Rodin.

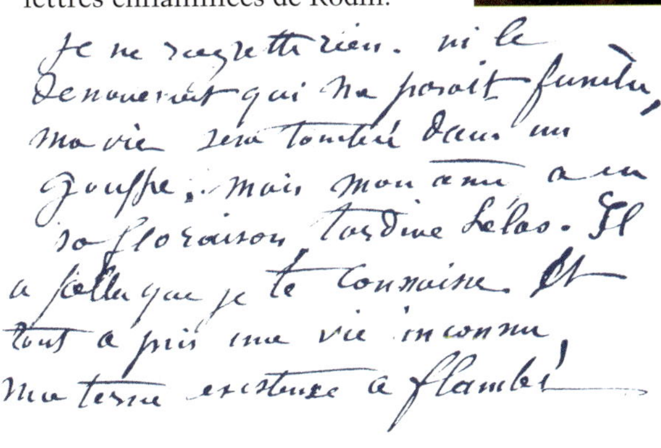
Je ne regrette rien. ni le dénouement qui m'a paraît funeste, ma vie sera tombée dans un gouffre... mais mon âme a eu sa floraison, tardive hélas. Il a fallu que je te connaisse et tout a pris une vie inconnue, ma terne existence a flambé

“Ma souffrance tu n'y crois pas, je pleure et tu en doutes. Je ne ris plus depuis longtemps, je ne chante plus, tout m'est insipide et indifférent. Je suis déjà mort et je ne comprends plus le mal que je me suis donné pour des choses qui me sont si indifférentes maintenant. Laisse-moi te voir tous les jours, ce sera une bonne action et peut-être qu'il m'arrivera un mieux, car toi seule peux me sauver par ta générosité... Ne laisse pas prendre à la hideuse et lente maladie mon intelligence, l'amour ardent et si pur que j'ai pour toi, enfin, pitié ma chérie.”

Rodin à Camille, 1886

« Sacountala »

En novembre 1886, elle écrit à Florence Jeans : « Je travaille maintenant à mes deux grandes figures plus que grandeur nature et j'ai deux modèles par jour : femme le matin et homme le soir. Vous pouvez penser si je suis fatiguée ; je travaille régulièrement 12 heures par jour de 7 heures du matin à 7 heures du soir, en revenant, il m'est impossible de tenir sur mes jambes et je me couche tout de suite. J'ai beaucoup d'ennuis de toutes sortes et je suis très découragée. Je pense souvent au paradis de Shanklin. » À son retour, Camille a en effet retrouvé un atelier « tout de travers » et elle a dû « administrer plusieurs savons » à tous ses amis. Heureusement, elle a repris les séances de pose avec son modèle Yasmina. L'œuvre qu'elle est en train de modeler, *Sacountala*, s'inspire du drame indien de Kalidasa. Elle saisit dans la terre les retrouvailles de Shakuntala et de son époux après une séparation provoquée par un enchantement. Camille éternise cet échange de supplique et de pardon qu'est une réconciliation. Couple de retrouvailles et de réminiscences. L'homme implore la femme à genoux, il l'enlace et elle se repose sur lui. La tendresse et la sensualité irradiées par cette œuvre force

Il reste des travaux préparatoires pour *Sacountala* (double page suivante), deux esquisses en terre cuite (ci-contre). Grâce à cette œuvre commencée en 1886, Camille obtient son premier grand succès au Salon, à 24 ans. « Il est vraiment prodigieux qu'une femme aussi jeune ait pu concevoir et exécuter avec un tel succès un groupe de cette importance », écrit en 1888 le critique Paul Leroi.

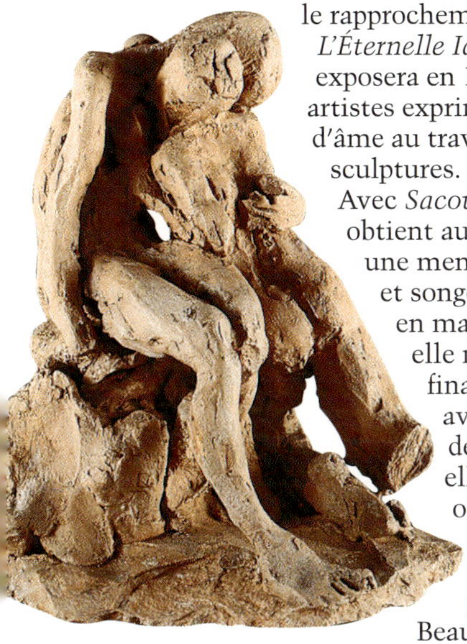

le rapprochement avec *L'Éternelle Idole* que Rodin exposera en 1889 – les deux artistes exprimant leurs états d'âme au travers de leurs sculptures.

Avec *Sacountala*, Camille obtient au Salon de 1888 une mention honorable, et songe alors à le réaliser en marbre ; mais comme elle n'a pas les moyens financiers pour avancer l'achat de ce matériau, elle adresse, le 27 octobre 1889, une lettre au ministre de l'Instruction publique et des Beaux-Arts pour qu'on lui en fournisse un bloc. Sa demande est inhabituelle, le marbre n'étant fourni que si l'artiste bénéficie d'une commande d'État. Elle rappelle au passage : « Je fais de la sculpture depuis sept ans et je suis élève de monsieur Rodin, un sculpteur auquel vous vous êtes bien intéressé et qui vous en est très reconnaissant ». Le nom de Rodin ne sera pas suffisant pour faire pencher la balance ; la commission des travaux d'art n'ayant pas émis d'avis favorable pour une commande de cette œuvre en marbre, la demande est refusée.

Rodin l'impose

Pourtant, le sculpteur fait tout pour faire connaître sa bien-aimée collaboratrice. Il a pris l'habitude de la mettre en avant, de demander aux critiques de lui prêter attention, à ses amis de lui acheter ses œuvres.

Des trois pièces écrites par Kalidasa, dramaturge indien du Ve siècle, *Shakuntala* a été la plus célébrée en Inde et en Europe. Elle inspire la musique de Schubert, Théophile Gautier en tire un ballet réglé par Petipa en 1858 et la pièce, traduite du sanskrit par Herold, est jouée au théâtre de l'Œuvre à Paris en 1895. Shakuntala, l'héroïne, est la figure de l'amour vrai, absolu, triomphant des obstacles. Fille d'un brahmane, elle s'éprend d'un inconnu, qui est en fait le prince Douchanta. Victime d'un sort, elle perd l'anneau nuptial qu'il lui a offert en gage d'amour. Le prince perd alors son souvenir et ne le retrouve qu'une fois le sort brisé.

Au-delà d'évidentes analogies avec l'œuvre de Rodin, *Sacountala* annonce l'autonomie d'un style et d'un langage propres à Camille : un parfait équilibre plastique, un sens aigu de la composition et la souplesse du modelé. Traduit dans d'autres matériaux en 1905, le groupe en plâtre changera de nom : en bronze, il devient *L'Abandon*, et taillé dans le marbre, *Vertumne et Pomone* (page suivante). C'est le temps heureux des relations avec Rodin, qui modèle *L'Éternelle Idole* (en bas à gauche) et *Le Baiser*, inspiré de *L'Enfer* de Dante.

ADOLPHE GRUET FILS AINÉ

Il met en place tout un système qui, après avoir ouvert bien des portes à Camille, obtiendra les effets inverses et finira par l'étouffer, tant son nom deviendra indissociable de celui de Rodin. Un des premiers à prendre la plume en faveur de la jeune artiste est Léon Gauchez. Conseiller du baron Alphonse de Rothschild pour ses achats d'œuvres d'art, et directeur de la revue *L'Art* que celui-ci subventionne, il signe ses articles sous le nom de Paul Leroi. En 1881, il avait écrit à Rodin qui fait partie, avec Dalou et Lhermitte, de ses artistes favoris :

❝ De quelque côté qu'on regarde [le buste de Rodin par Camille], les profils sont toujours justes, sans défaillance, sans retouche, sans hésitation ; [...] nulle part les muscles et les surfaces osseuses n'ont l'air creux ou soufflé. ❞
Mathias Morhardt

M.R

Monsieur Rodin

PARIS, le 8 8bre 1892.

1e Mai | Un buste de Mr Rodin par Mlle C. Claudel

« Toutes les fois que vous entreprenez quelque œuvre nouvelle, prévenez-moi, je serai heureux de la signaler. » Le sculpteur lui recommande des artistes de talent mais ayant des difficultés à se faire connaître : Jules Desbois, Carriès, Turcan, Victor Peter et Camille Claudel. De son côté, Alphonse de Rothschild mène, entre 1886 et 1905, une politique de mécénat très active, achetant chaque année des œuvres d'artistes contemporains qu'il distribue dans les musées aux quatre coins de la France (soit 2 000 œuvres de plus de 150 artistes). Entre 1885 et 1900, le baron et sa sœur, la baronne Nathaniel, vont acheter une quinzaine de sculptures à Camille, parmi lesquelles les bustes de Louise et de Paul

pour les offrir à des musées de province, diffusant son art et jouant ainsi un rôle déterminant sur sa carrière.

1888, rupture familiale

L'année 1888 marque un tournant décisif dans la vie de la famille Claudel. Camille prend son indépendance et s'installe au 113, boulevard d'Italie, dans un atelier loué par Rodin. Plusieurs raisons ont sans doute décidé Camille : des tensions se sont fait jour avec les autres occupants de la rue Notre-Dame-des-Champs – ses rapports avec Jessie Lipscomb se sont dégradés en 1887 et celle-ci est repartie pour l'Angleterre ; d'autre part, sa sœur Louise s'est mariée le 16 août 1888 à Villeneuve avec Ferdinand de Massary, fils d'un vieil ami de la famille, la laissant seule face à sa mère.

Quelques mois plus tard, Rodin loue la Folie Neufbourg au 68, boulevard d'Italie, proche du 113. Cette belle demeure du XVIIIe siècle, laissée à l'abandon depuis des lustres, abrite leurs amours. Officiellement, le sculpteur, qui a déménagé, habite rue de Bourgogne où il retrouve, de moins en moins souvent, Rose qui s'en plaint amèrement. De son côté, Camille ne désespère pas qu'il cesse ses allers et retours pour rester définitivement avec elle.

Dans le clos Payen, la Folie Neufbourg (ci-dessous) « est une maison en ruine du côté des Gobelins », rapporte le critique Arsène Alexandre, un des intimes à qui Rodin accorde le privilège d'entrer dans le sanctuaire, « qui est demeurée, sous la vétusté, sous la décrépitude, d'une aristocratie surprenante. Là, dans les vastes pièces abandonnées où l'on parle avec une sorte d'inquiétude, comme de peur de déranger quelques ombres attardées, Rodin avait entassé peu à peu des centaines de ces esquisses, de ces recherches de lignes qui naissaient de ses mains impatientes, sous la dictée des yeux ».

Paul, qui a vingt ans au mois de juin de cette année et que Camille dessine une première fois, termine Sciences-Po et, le 23 août, obtient sa licence de droit. La promiscuité de poètes qui tirent le diable par la queue, comme Verlaine et Villiers de L'Isle-Adam, lui fait rejeter cette vie de misère qu'ils lui donnent en exemple. Il décide de dissocier la création littéraire d'une activité professionnelle et choisit de passer le concours des Affaires étrangères pour assurer son indépendance financière, mais aussi pour quitter Paris. Reçu premier, il a besoin du parrainage de trois personnalités qui se portent garantes de son esprit républicain. Camille décide Rodin à écrire une lettre de recommandation au ministre des Affaires étrangères, Jules Ferry, et Auguste Burdeau – le professeur de son frère à Louis-le-Grand, devenu député – écrit les deux autres. Entre-temps, Paul écrit *Tête d'Or* qu'il publie anonymement. La pièce est une transposition sur le mode symbolique du combat intérieur de sa conversion; elle traduit son besoin d'indépendance, son orgueil, l'isolement, la soif d'espace, l'insoumission – autant d'aspirations communes avec sa sœur.

Paul a tout juste 20 ans lorsque Camille, la sœur tant admirée et redoutée, fait son portrait aux crayons de couleur, un an avant qu'il n'écrive *Tête d'Or*. À Cocteau qui lui demandera de monter cette pièce de théâtre il répondra : « Non, non jamais *Tête d'Or* [...]. J'ai trop fourré de moi là-dedans, sans l'ombre de pudeur. » En avril 1912, Louis-Prosper Claudel écrira à son fils combien il appréciait cette œuvre : « Ah, le plaisir que je trouve dans cette lecture et aussi cette fierté d'avoir un fils doué d'un pareil génie, et quel éclat sur notre nom. » Il ne reste aucun document qui témoignerait d'une admiration semblable à l'égard de l'œuvre de Camille...

Deux vies, deux adresses

Camille partage maintenant son temps entre la rue de l'Université et son nouvel atelier, sculpte *La Prière* qu'elle exposera en bronze sous le titre *Psaume*, et commence à avoir quelques commandes de particuliers. Léon Lhermitte lui demande de réaliser le buste de son fils Charles. Une lettre de sa femme, du 21 février 1889, exprime son contentement et les mesures prises pour que leur petit garçon puisse se rendre chez l'artiste sans trop perturber sa scolarité : « À propos nous arrivons de chez Mlle Claudel, si tu voyais le petit bijou d'enfant que ça va faire, elle est si contente

de son modèle, elle lui trouve une tête tout à fait sculpturale, il est déjà très ressemblant. Quant à la permission du professeur voici ce qu'il a été décidé : il restera les après-midi et à 4 heures ira chercher ses devoirs du matin qu'il corrige l'après-midi et il les fera le soir afin qu'il ne perde rien. J'ai trouvé cet arrangement très bien. » Pour la remercier, le peintre offre à Camille une étude au pastel d'*Adam*.

« Heureux ceux qui vivent dans le moment où le cœur dirige »

De son côté, Rodin est très occupé par l'organisation de son exposition avec Claude Monet à la galerie Georges-Petit, qui ouvre en juin 1889 en même temps que l'Exposition universelle. La manifestation présente 145 tableaux et 36 sculptures, parmi lesquelles le public découvre pour la première fois *Toilette de Vénus*, *L'Éternel Printemps*, *Trois Sirènes*, mais aussi *Fugit Amor* et *La Danaïde* – autant d'œuvres qui disent encore sa passion pour Camille. Le succès est accompagné d'une commande par Petit de quatre marbres pour la somme de 20 000 francs. Jusque-là, Rodin avait vendu essentiellement des bronzes.

Le peintre Léon Lhermitte connaît Camille, dont il apprécie les fusains, depuis l'époque de la rue Notre-Dame-des-Champs. Très satisfait du buste qu'elle réalise de son fils Charles (à gauche), il hésite entre une version en bronze ou en marbre, et c'est à Rodin, le maître, qu'il demande conseil : « Vous seriez bien aimable de venir voir chez moi le buste de Charlot que vient de terminer Mademoiselle Claudel. Cela me paraît très beau et j'aimerais qu'il vous fût possible de me dire votre sentiment sur la matière à employer pour la chose définitive. » Il opte pour le bronze et choisit une patine noire, qu'il avait repérée chez le fondeur Liard (ci-dessous).

Il existe très peu de lettres témoignant de l'intimité des deux amants et, pour tenter d'en retracer quelques moments, il faut lire attentivement ce qu'il reste de cette correspondance. Ainsi quand, en 1887, Camille annonce sa visite à Florence Jeans pour le mois de septembre, puis change d'avis sous prétexte qu'elle a des soucis d'argent, il faut sans doute comprendre que Rodin, à défaut d'aller six mois en Italie comme il l'avait promis dans son « contrat », se décide tout à coup à partir quelques semaines avec elle. Mais les choses ne semblent pas s'être déroulées comme l'aurait souhaité la jeune femme, qui écrit, une fois à Paris : « Je suis de retour depuis quinze jours. Rien de nouveau. La vie est toujours amère. » Camille, que cette liaison isole de ses amies à qui elle ne peut se confier, invente parfois une histoire pour justifier ses déplacements. Ainsi, à l'automne de 1888, lorsqu'elle relate à Florence Jeans son voyage dans les Pyrénées et dans le nord de l'Espagne avec une famille anglaise rencontrée sur les bords de la Loire – « Je donne des leçons de dessin à une des jeunes filles et je la conduis visiter tous les monuments intéressants où nous passons » –, à cette époque, Rodin se trouve précisément à Toulouse… Et Edmond de Goncourt de noter dans son journal : « Le sculpteur disparaît de chez lui pendant quelques jours […] et quand il revient et qu'on lui demande où il a été, il dit : "Je viens de voir des cathédrales." »

À l'occasion d'une de ces escapades, Rodin et Camille découvrent un lieu tranquille où ils vont enfin pouvoir se retrouver seuls. Les premiers séjours en Touraine, à partir de juillet 1889, seront heureux. Le château de l'Islette, où Mme Courcelles, la propriétaire, reçoit des hôtes payants, abrite leurs amours estivales. Rodin n'est pas

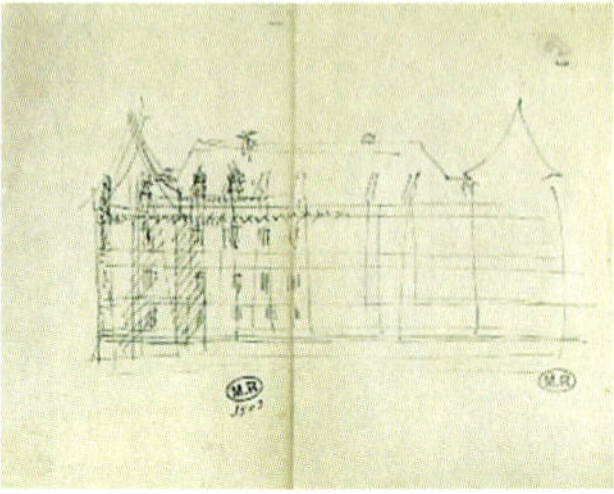

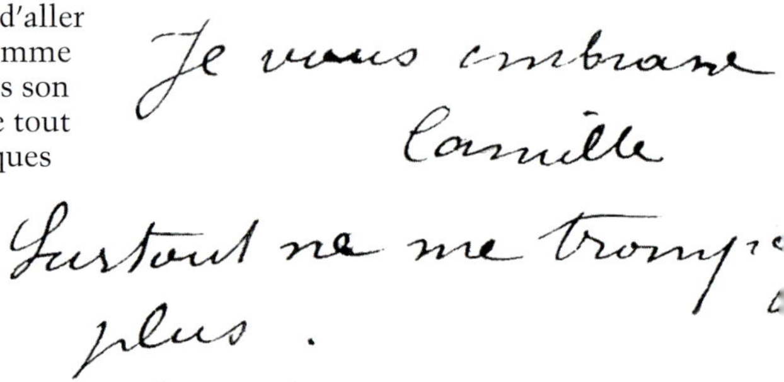

❝Vous ne pouvez vous figurer comme il fait bon à l'Islette. J'ai mangé aujourd'hui dans la salle du milieu (qui sert de serre) où l'on voit le jardin des deux côtés. Mme Courcelles m'a proposé […] que si cela vous était agréable vous pourriez y manger de temps en temps et même toujours […] et c'est si joli là ! Je me suis promenée dans le parc, tout est tondu, foin, blé, avoine, on peut faire le tour partout et c'est charmant. Si vous êtes gentil, à tenir votre promesse nous connaîtrons le paradis.❞

Camille à Rodin [en haut, le château de l'Islette, croquis de Rodin]

Cette œuvre, intitulée *Psaume* ou *La Prière*, achetée par le baron Alphonse de Rothschild et donnée en 1893 au musée d'Abbeville, date de 1889. Elle sera exposée au Salon de la Libre Esthétique à Bruxelles, en 1894, ce qui jette un doute sur l'existence d'un exemplaire unique.

toujours disponible et fait des allers et retours à Paris. C'est pour Camille l'occasion de solliciter de petits gestes, qui témoignent à la fois de leur intimité et de l'ascendant qu'elle a encore sur lui : « Que vous seriez gentil de m'acheter un petit costume de bain, bleu foncé avec galons blancs, en deux morceaux, blouse et pantalon (taille moyenne), au Louvre ou au Bon Marché (en serge) ou à Tours. » Le ton révèle une jeune fille coquette, soucieuse de plaire. Et c'est elle, maintenant, qui est demandeuse : « Je couche toute nue pour me faire croire que vous êtes là mais quand je me réveille ce n'est plus la même chose. Je vous embrasse. [...] Surtout ne me trompez plus. » Elle apprend à son tour à partager. La réputation de Rodin n'est déjà plus à faire. Octave Mirbeau dit de lui qu'« il est capable de tout, d'un crime pour une femme, il est le satyre brut qu'il met dans ses groupes érotiques ».

❝Dans le buste que la jeune artiste intitule *La Prière*, on ne retrouvera aucun des éléments par lesquels l'idée moderne de la mysticité s'est exprimée parmi nous. Les yeux ne sont pas creusés en noir. Les traits ne sont ni maigres, ni tourmentés. Les joues n'ont pas ces profondes concavités qui témoignent ou qui semblent témoigner de jeûnes prolongés et d'habitudes invétérées de méditation et de mortification [...]. La tête aux yeux clos est renversée en arrière. Elle est dans une sorte d'extase qui n'est ni excessive ni vulgaire. [...] C'est la Prière pourtant, la Prière tendre, humaine, vivante, sincère, la simple et vraie Prière, telle que les maîtres du XVIe siècle nous l'ont montrée et dont nos modernes primitifs ont su faire une si pauvre et si douloureuse caricature.❞

Mathias Morhardt, 1898

« De quelle douleur je suis marqué, et combien ma faute a été grande. Mais je sens qu'en vous voyant, il y avait une fatalité que je ne pouvais fuir. Ah ma divine amie, vous serez heureuse, prenez patience, tout se paye ici. J'ai été payé de mon travail, je paye mes fautes et ma douleur continue est un exemple frappant de la justice. »

Auguste Rodin, lettre à Camille Claudel, s. d. [1895 ?]

CHAPITRE 3

« JE TRAVAILLE MAINTENANT POUR MOI »

À partir de 1892, Camille s'installe seule avenue de La Bourdonnais, mais elle garde l'atelier du boulevard d'Italie. Dorénavant, elle ne travaille plus pour Rodin mais pour elle ; c'est là qu'elle taille dans l'onyx une « étude d'après nature » qu'elle intitule *Les Causeuses* (à gauche).

« Camille, écrit Paul Claudel, ne pouvait assurer au grand homme la parfaite sécurité d'habitudes et d'amour-propre qu'il trouvait auprès d'une vieille maîtresse. De toutes façons, Camille était exclusive et n'admettait aucun partage. » En effet, la jeune femme refuse de vivre cette situation plus longtemps et, avec ce don féroce de la raillerie, elle se venge en caricaturant le couple formé par le sculpteur et sa vieille compagne (ci-contre). À partir de 1892, elle s'éloigne sans pour autant rompre avec le sculpteur. Elle quitte l'atelier de Rodin, garde le sien boulevard d'Italie mais s'installe 11, avenue de La Bourdonnais. C'est la fin de leur cohabitation. Cette année-là, Rodin intitule ses bustes de Camille *La Convalescente*, *L'Adieu* (ci-contre).

Impasse professionnelle et amoureuse

En 1891, Rodin obtient, grâce à Émile Zola, président de la Société des gens de lettres, la commande pour un *Monument à Balzac* qui le passionne et l'entraîne dans des recherches tous azimuts. Les voyages en Touraine avec Camille sont l'occasion de visiter les lieux chers à l'écrivain. À Paris, l'atelier du Dépôt des marbres s'est développé et compte un nouvel arrivant, Ernest Nivet, recommandé par Georges et Marthe Lenseigne que Rodin et Camille ont rencontrés à l'Islette. Nivet, qui a quitté l'École des beaux-arts pour travailler avec Rodin, se lie d'amitié avec Camille. Une même ambition les anime, contrariée par des frustrations communes : « M. Rodin est un drôle de bonhomme que je ne comprends pas trop […]. Pour qu'il soit content de moi, il faudrait faire comme le disait Mlle Claudel : travailler chez M. Rodin pendant

plusieurs années, c'est-à-dire passer une bonne partie de sa jeunesse chez lui, et puis quand l'on en sort, on n'a rien et rien appris. Ou si, on a appris quelque chose : c'est un peu de pratique [...]. Depuis que je suis entré chez Rodin, je n'ai aucun temps à moi. » Camille écrit à la femme de Léon Lhermitte : « Je travaille toujours beaucoup à l'atelier de M. Rodin, *Victor Hugo*, *Balzac*, *Claude Lorrain*; vous pouvez penser que je suis bien occupée n'est-ce pas. On m'a dit que je fais des progrès, cela me console de ne pas travailler pour moi. »

De son côté, Rodin n'arrive pas à choisir entre Rose et Camille. En 1892, cette dernière s'éloigne et loue un appartement avenue de La Bourdonnais, où elle vit seule. À partir du mois de mai, elle se rend pour plusieurs mois en Touraine. Le château de l'Islette lui sert à nouveau de refuge mais, cette fois, elle est seule. On a beaucoup fantasmé sur le nombre d'enfants que Camille aurait eus de Rodin; la rumeur lui en attribue jusqu'à quatre. Interrogé par Judith Cladel, sa première biographe, le sculpteur avait répondu : « Dans ce cas, le devoir eût été trop clair. » Ces mois solitaires que Camille passe loin de Paris lui permettent peut-être de se remettre d'un avortement. Ce douloureux chapitre est difficile à dater précisément, sans doute entre 1890 et 1893. Longtemps tenu pour probable, il est confirmé dans une lettre tardive (déc. 1939) de Paul à Marie Romain-Rolland : « Sachez qu'une personne de qui je suis très proche a commis le même crime que vous et qu'elle l'expie depuis 26 ans dans une maison de fous. » Après ce drame, rien n'est plus comme avant. Rodin, obsédé par le visage de Camille, le représente émergeant du plâtre, c'est *L'Adieu*; engoncé dans le marbre, c'est *La Convalescente*.

La séparation n'est facile ni pour Rodin, encore très épris, ni pour Camille, comme en témoigne Morhardt : « Retirée dans l'absolue solitude de son atelier du boulevard d'Italie, elle vit là, un an, deux ans, trois ans sans recevoir personne, sans entendre une voix amie. Le sentiment de solitude est tel qu'elle a parfois l'étrange angoisse d'oublier l'usage de la parole. Et elle parle haut, afin de se rassurer. [...] Certes ce sont de tristes années, que ces lentes années de révolte implacable et farouche. Mais, volontaire et despotique [...], elle ne consent à l'adoucir par aucun sacrifice, par aucune concession. »

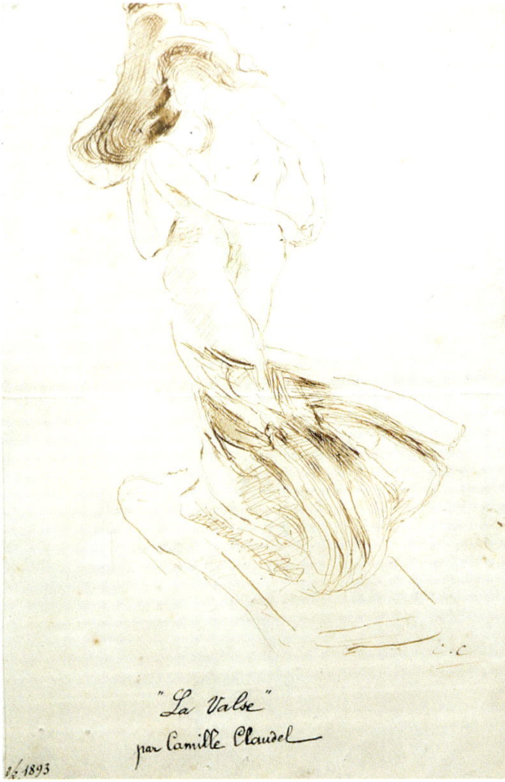

En Touraine, la jeune femme s'absorbe dans le modelage d'un buste d'enfant, la petite-fille des propriétaires du château, qu'elle intitule *La Petite Châtelaine.* Rodin ne la rejoint pas. Il lui vient en aide financièrement par l'intermédiaire de son ami Bigand-Kaire ; le capitaine au long cours est chargé d'acheter un plâtre de *Clotho* : il envoie 300 francs à Azay-le-Rideau. Ce n'est pas non plus auprès de ses parents que Camille trouve un réconfort. Sa vie ne correspond en rien à l'idéal d'une famille bourgeoise qui ne conçoit l'avenir d'une jeune femme que mariée. Tous ces événements devaient alors rester dans le non-dit. Elle ne peut pas davantage compter sur Paul, qui refuse à cette époque d'aller dîner chez son grand ami Maurice Pottecher parce que celui-ci vit avec une actrice sans être marié.

Dans le livre d'or en hommage au pianiste Gatien Marcailhou d'Aymeric, célèbre pour ses valses, Paul et Camille se joignent au chœur des louanges : elle dessine un croquis à la plume (ci-dessus) que son frère commente : « Cette *Valse*, ivre, toute scrutée et perdue dans l'étoffe de la musique, dans la tempête et le tourbillon de la danse. »

« Un gracieux enlacement de formes superbes »

À la fin du mois de février 1892, Camille a terminé un petit groupe demi-nature intitulé *Les Valseurs,* qu'elle avait commencé en 1887 à son retour d'Angleterre et qui, précise-t-elle dans une lettre au ministre, « a été trouvé bien par plusieurs artistes et notamment par monsieur Rodin ». Dix jours après avoir envoyé sa demande à l'État pour la commande d'un marbre, le 18 février, on lui annonce la visite d'un inspecteur. C'est Armand Dayot qui a été choisi. Cet homme de lettres et critique d'art sollicitera l'avis de Rodin, avant de rendre son rapport, le 20 novembre. Favorablement impressionné, il trouve toutefois l'œuvre trop explicite, trop réaliste. Il souhaiterait que Camille habille les corps d'un voile, justifiant ainsi le titre qu'elle leur a donné ; il demande à Rodin d'appuyer sa requête. Camille refuse. Rodin transmet : « Mlle Claudel demande à ne faire que le nu, dans ce cas laissons-lui le nu car c'est bien et du moment qu'elle ne désire pas la draperie c'est qu'elle la ferait

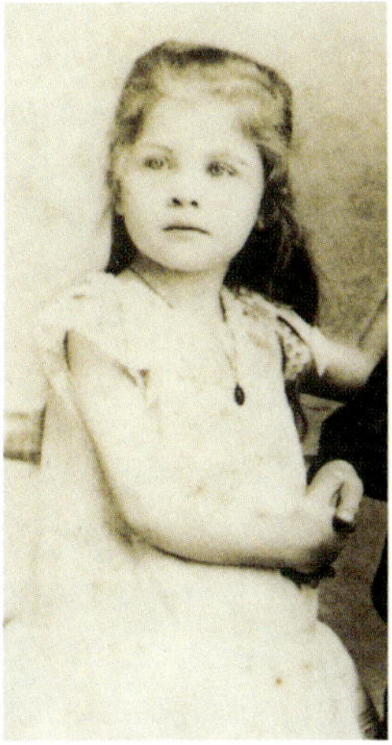

mal. » Finalement, elle se rend aux arguments de l'inspecteur. Dans un premier temps, elle enveloppe les corps d'une draperie virevoltant au-dessus des têtes, puis jusqu'à la taille seulement, laissant leur buste dénudé. Armand Dayot, satisfait du changement, écrit le 5 janvier 1893 : « Ce ne sont plus deux vulgaires danseurs nus lourdement accouplés, mais un gracieux enlacement de formes superbes balancées dans un rythme harmonieux au milieu de l'enveloppement tournoyant des draperies. » Enfin, il termine son rapport par le plus important : les dimensions (1,20 x 0,90 x 0,70 m) du bloc de marbre nécessaire à l'exécution du groupe, qui apparaît dorénavant sous le nom de *La Valse*.

À l'Islette, Camille rencontre en la personne de Marguerite Boyer, âgée de 6 ans (à gauche) l'enfant qui lui fut interdit : à partir de septembre 1892, la petite-fille de Mme Courcelles, propriétaire du château, pose pour le sculpteur. Les 62 séances de pose se sont échelonnées jusqu'à l'été 1893 (ci-contre, tête en plâtre). Camille reprendra sur plusieurs années le buste de sa *Petite Châtelaine*. Ainsi, en 1895, réalise-t-elle trois marbres de ce buste, différents par la forme et l'importance de la tresse (double page suivante) : la natte, d'abord droite et serrée, se courbe, puis se desserre. Enfin, en 1896, l'artiste taille une quatrième version en marbre (page suivante, en bas), dont la chevelure dénouée trouve un écho dans son œuvre, notamment dans *Clotho*, *Le Dieu envolé* et *L'Hamadryade*. Le travail de pratique de la version aux cheveux dénoués, extrêmement polie – sans doute avec un os de mouton selon la technique habituelle de Camille – suscite l'admiration. La chevelure est totalement creusée pour piéger la lumière. Morhardt rapporte que Rodin fut ébloui par la virtuosité de la taille du marbre : « Ce buste m'a donné le coup de poing de l'émulation. »

Au début des années 1890, Camille s'attelle à un sujet difficile : elle choisit parmi les trois Parques – ces divinités du destin de la Rome antique représentées comme des fileuses mesurant à leur gré la vie des hommes – de représenter Clotho, qui préside à la mort, alors que ses sœurs président à la naissance et au mariage. Le réalisme sans concession de l'œuvre, exposée au Salon de 1893, ne manque pas d'étonner la critique. « Avec *Clotho,* écrit Raoul Sertat, l'éternelle dévideuse d'écheveaux, c'est la vieillesse qui est mise en scène dans toute sa lamentable laideur, la commisération vous prend irrésistiblement devant la dégradation sans remède de ces formes qui furent la beauté, la jeunesse, la force et la grâce : or, qui saurait mieux qu'une femme pleurer sur la déchéance fatale d'un corps de femme. »

Le thème de la vieillesse, rarement traité en sculpture, revient à plusieurs reprises dans l'œuvre de Camille et trouve un écho dans *Celle qui fut la Belle Heaulmière* de Rodin et *La Misère* de Jules Desbois. Il est probable que les trois artistes, qui travaillent longtemps dans le même atelier, aient utilisé le même modèle italien, Maria Caira.

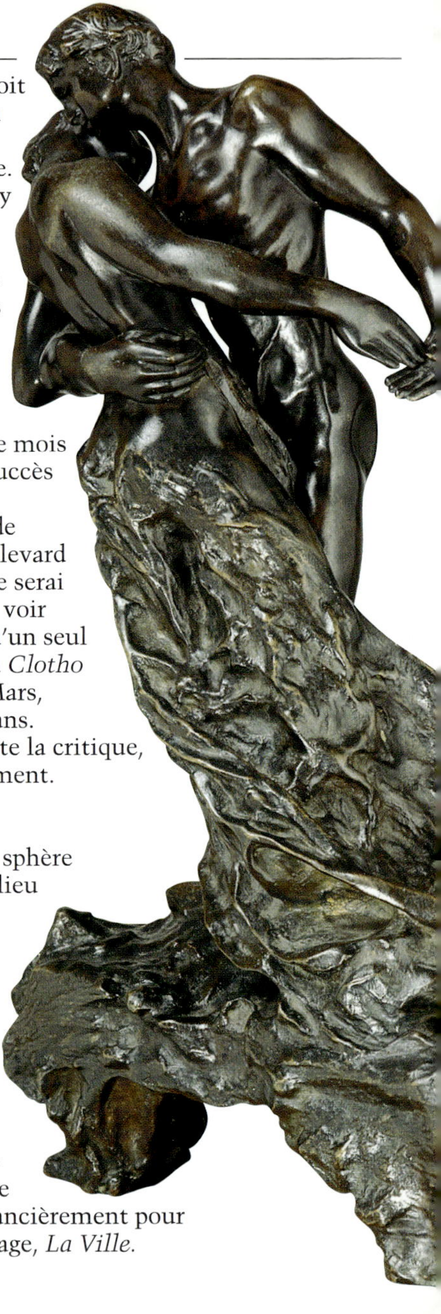

Le 9 mars 1893, Camille Claudel reçoit la commande officielle d'une version en marbre de *La Valse*. On pourrait croire à une affaire rondement menée. C'était compter sans l'inertie d'Henry Roujon, directeur des Beaux-Arts et ami intime de Mallarmé, qui n'est pas convaincu du bien-fondé de la commande et garde le dossier sous le coude. *La Valse* ne sera jamais exécutée en marbre. La maison Siot-Decauville, avec qui Camille signe un contrat d'exclusivité, met en vente une version en bronze dès le mois d'août, mais la sculpture n'aura du succès qu'après 1900. Le fondeur demande – c'est devenu une habitude – l'avis de Rodin : « J'expose aujourd'hui au Boulevard *La Valse* de mademoiselle Claudel. Je serai heureux de vous voir pour vous faire voir le résultat de la fonte qui est venue d'un seul jet. » Camille présente cette année-là *Clotho* et *La Valse* au Salon du Champ-de-Mars, où elle n'a rien montré depuis deux ans. Les œuvres ne laissent pas indifférente la critique, qu'elles déconcertent ou enthousiasment.

« Ce n'est plus du tout du Rodin »

À la faveur de son éloignement de la sphère rodinienne, Camille découvre un milieu différent grâce à Paul, dont elle se rapproche, et aux amis de son frère. Marcel Schwob, qui met tout en œuvre pour faire connaître les écrits de son ancien condisciple de Louis-le-Grand, est le pilier du groupe. Ce jeune érudit, déjà bien introduit dans le milieu littéraire, a repris contact avec l'écrivain après avoir découvert, grâce à André Gide, *Tête d'Or,* la première pièce de Paul éditée (1889). Enthousiaste, il aide Paul financièrement pour la publication de son deuxième ouvrage, *La Ville.*

Mlle Camille Claudel, une élève de Rodin, expose un groupe de valseurs enveloppés et comme enfouis par le tourbillon d'étoffes et d'harmonie qui les entraîne, d'une extrême tendresse et d'une haute passion. A côté de la Valse, une Clotho, décharnée, centenaire, file le chanvre lourd de ses propres cheveux, la vie du monde, avec un rire maigre.

PHARE DE LA LOIRE

Schwob reçoit le frère et la sœur dans son entresol de la rue de l'Université que Léon Daudet décrit comme une « espèce de capharnaüm rempli de livres et de pipes ». C'est là qu'ils se retrouvent avec Jules Renard, Willem Byvanck, un Hollandais spécialiste de Villon qui écrira ses souvenirs sur le milieu artistique et littéraire parisien, et Maurice Pottecher qui n'est pas encore parti monter son Théâtre du Peuple à Bussang, dans les Vosges, où il présentera une adaptation de *Shakuntala*, en 1914.

Schwob soutient le travail de Camille dans ses « Lettres parisiennes » qu'il envoie au quotidien nantais le *Phare de la Loire*, que dirige son père. Ses visiteurs se souviennent d'avoir vu sur sa table de travail un buste de Paul en *Jeune Romain* qu'il avait doré lui-même, comme une idole.

Camille semble parfaitement intégrée dans ce petit groupe littéraire où elle n'est plus l'élève de Rodin mais la sœur de Paul. Ce dernier fait figure d'« absent professionnel » : en février 1893, nommé vice-consul à New York, il a rejoint son premier poste à l'étranger. Pour la première

Dans sa « Lettre parisienne » du 11-12 mai 1893, publiée dans le *Phare de la Loire*, Marcel Schwob fait un compte rendu du vernissage du Salon où une foule d'artistes et de femmes en toilette élégante envahissent les galeries du palais des Arts libéraux. On remarque : « M. et Mme Émile Zola, Carolus-Duran, Rodin, Gervex, Lhermitte, Rixens, Toulouse-Lautrec, Arthur Meyer, Fernand Vandéren, Mlle Camille Claudel, Aman-Jean, etc. » La première version de *La Valse*, où le voile surmonte les têtes des danseurs, y est accueillie avec enthousiasme par la critique, qui insiste sur le savant et ambitieux déséquilibre de l'œuvre, mais celle-ci ne remporte pas de succès commercial. C'est la version sans voile (page de gauche), qui sera diffusée par le fondeur Eugène Blot à partir de 1901.

fois, cette espèce de solitaire, comme il se décrit lui-même, qui « ignorait tout et les raisons de tout », quitte sa famille, ses amis, son terroir. Camille, pour maintenir le contact avec son frère et ses amis, lui envoie leurs dernières publications, tels *Les Morticoles* et *L'Astre noir* de Léon Daudet. De son côté, Louis-Prosper Claudel suit avec attention la double carrière littéraire et diplomatique de son fils et reste, malgré des rapports tendus, un soutien pour sa fille. Mais la séparation avec Rodin, qui était jusque-là son ouverture sur le monde, isole la jeune femme dont les réactions passionnées ne facilitent pas la vie sociale. Comme Paul, qui lors d'une discussion entre amis « garde le ton de l'hostilité même quand on est de son avis », elle n'a pas l'« art des transitions ». Elle ne quitte plus son atelier. Son frère lui manque et c'est à lui qu'elle décrit les nombreux projets qui l'animent : *Confidence* (en fait *Les Causeuses*), *Le Bénédicité*, *Le Dimanche*, *La Faute*, *Le Violoneux*, *Le Groupe de trois* (en fait *L'Âge mûr*), sans oublier les œuvres en cours comme le *Buste de Léon Lhermitte*. Elle termine sa lettre, pleine d'enthousiasme et d'énergie, sur un ton bravache : « tu vois que ce n'est plus du tout du Rodin et c'est habillé [...]. Dépêche-toi de revenir voir tout ça [...]. C'est à toi seulement que je confie ces trouvailles ne les montre pas ! »

En avril 1893, Rodin s'installe hors de Paris et loue un logement à Meudon avec Rose. S'il ne voit plus Camille, meurtri par leur séparation mais confiant dans son génie, il continue à agir dans

En août 1893, Camille accepte une nouvelle invitation de Florence Jeans, devenue Mrs Back, à Shanklin. Elle écrit : « J'apporterai la terre pour faire un portrait de l'un de vous si vous voulez : j'espère qu'on ne va pas me mettre en prison à la douane en pensant que la terre est une bombe de dynamite. » Elle fait allusion aux attentats anarchistes qui secouent alors Paris. Durant son séjour, elle modèle le mari de Florence (ci-dessous).

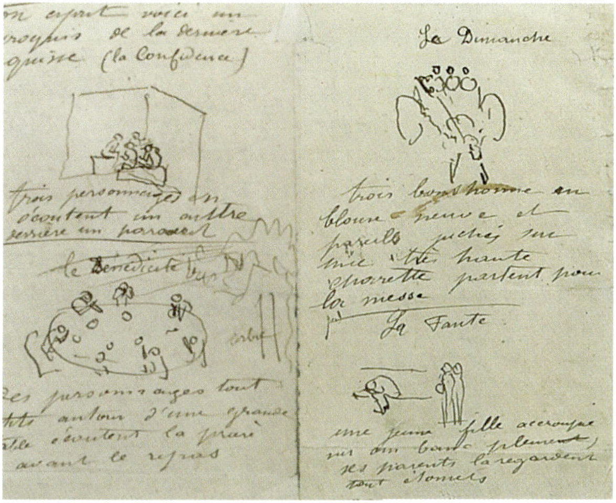

l'ombre. La jeune femme éprouve, elle aussi, la nécessité de prendre ses distances et, à la fin du mois d'août, c'est à Shanklin qu'elle se rend, pour la dernière fois. Elle retrouve la famille Jeans, et l'atmosphère détendue de la Villa Lincoln; loin des tourments parisiens, elle modèle le *Buste de M. Back*, le mari de Florence.

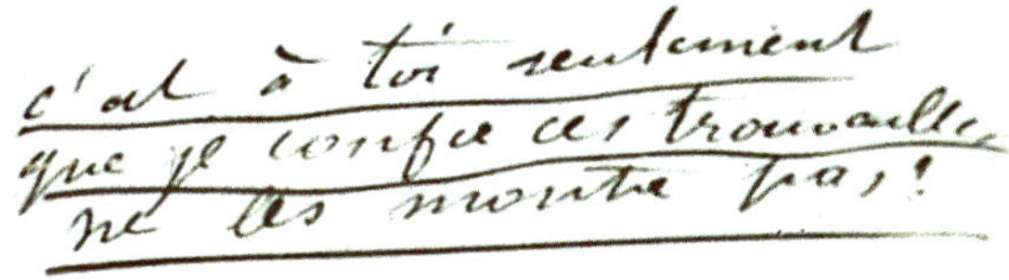

1894, le premier Salon de la Libre Esthétique

Rodin avait écrit, dès 1889, à Octave Maus pour qu'il invite Camille à exposer au Cercle des XX à Bruxelles. La liste des invitations étant close, le critique belge terminait sa lettre de refus sur une note encourageante : « Je vous prie de lui dire que sur votre recommandation elle sera certainement invitée l'an prochain. » L'affaire ne se fera que cinq ans plus tard. Les rivalités entre les membres ayant entraîné la dissolution du Cercle des XX au printemps de 1893, Maus fonde aussitôt la Libre Esthétique, où musique et poésie sont associées aux arts plastiques. En février 1894, Camille participe

À la fin de l'année 1893, Camille écrit une longue lettre à Paul, alors en poste à New York, où elle lui parle en détail de ses projets et l'interroge sur son travail, d'un ton volubile : « J'ai un grand plaisir à travailler. Je vais envoyer au Salon de Bruxelles le petit groupe des amoureux, le buste à capuchon, la Valse en bronze, la petite de l'Islette. Au Salon prochain le buste de Lhermitte, avec une draperie qui vole et le groupe de trois si j'ai fini [...] et puis j'ai un autre groupe dans la tête que tu trouveras épatant. Tu ne me parles jamais de ce que tu écris : as-tu de nouveaux livres en train ? [...] Plusieurs de mes amis m'ont dit qu'ils allaient acheter *Tête d'Or*. Tu ne seras pas là pour le vernissage, je le regrette beaucoup. Il a fait dernièrement un froid terrible. J'ai été obligée de faire du feu la nuit. Je te serre la main. Camille. »

en même temps que Claude Debussy au premier Salon de la Libre Esthétique. Les deux artistes, qui se connaissent, avaient dû se rencontrer aux débuts de la décennie alors que Camille commençait à se détacher progressivement de Rodin. Ils partagent, entre autres, un goût pour l'art japonais et une même méfiance des mondanités. Leur connivence paraît même si étroite que l'on a parlé d'une amitié amoureuse, certains allant jusqu'à voir en Camille la femme que Debussy regrette amèrement dans une lettre écrite en 1891 à son ami Robert Godet : « Ah ! Je l'aimais vraiment bien, et avec d'autant plus d'ardeur triste que je sentais par des signes évidents que jamais elle ne ferait certains pas qui engagent toute une âme et qu'elle gardait inviolable à des enquêtes sur la solidité de son cœur. » Amitié ou liaison, *La Valse* en bronze, qui ornera le piano de Debussy jusqu'à sa mort, prouve le fort attachement du compositeur pour la jeune femme.

En 1895, Camille offre le *Sacountala* en plâtre à la ville de Châteauroux mais un véritable tollé accueille l'œuvre. Elle s'en plaint au critique Geffroy : « C'est un cadeau, un pur cadeau que j'ai fait à messieurs les Berrichons ! [...] Il n'y a qu'un seul membre qui a trouvé que le groupe n'était pas si indécent [...] : c'est un abbé, aumônier du lycée ! [...] il l'a regardée [...] et leur a exposé la légende ; sans lui j'étais expulsée [...] pour immoralité ! » L'œuvre sera pourtant oubliée dans une cave du musée jusqu'en 1975.

Les difficultés d'un atelier

Grâce à cette activité débordante, on pourrait croire Camille devenue indépendante financièrement. C'est oublier combien la sculpture coûte cher : l'espace, les matériaux, les praticiens, les modèles, sans compter les procès avec les uns ou les autres. L'argent est toujours rare même si sa famille continue à l'aider. À la fin de l'année 1893, elle écrit à Paul : « Je te remercie de l'offre que tu me fais de me prêter de l'argent : cette fois-ci, ce n'est pas de refus car j'ai épuisé les 600 f de maman et voici

Mlle CAMILLE CLAUDEL

113, boulevard d'Italie, Paris.

94. *La Valse (bronze, exemplaire unique).*
95. *Contemplation.*
96. *Le Psaume.*
97. *Le Premier Pas.*

l'époque de mon terme ; je te prie donc si cela ne te cause aucun dérangement de m'envoyer 150 à 200 f. J'ai eu dernièrement des malheurs : un mouleur pour se venger a détruit à mon atelier plusieurs choses finies, mais je ne veux pas t'attrister. » Elle doit maintenant se débrouiller seule avec les artisans qui travaillent pour elle. « Je m'en vais encore la semaine prochaine chez le juge de paix avec ma canaille d'ouvrier », se plaint-elle à Mathias Morhardt : « Je suis très accablée de soucis et même assez souffrante. » L'affaire se réglera finalement aux prud'hommes. Il arrivera aussi à Camille de chasser de son atelier « deux praticiens qui l'avaient persécutée avec une extraordinaire méchanceté ».
En 1895, Camille, toujours à court d'argent, cherche à vendre un tableau du peintre Thomas Alexander Harrison : *Solitude. La nuit sur la mer* ; la galerie Durand-Ruel ayant refusé de l'acheter, c'est le musée de Châteauroux qui, sur les conseils de Georges Lenseigne, lui en offre 1 000 francs. En remerciement de cette aide financière, elle offre *Sacountala* à la ville.

Camille et Debussy (à gauche) se retrouvent parfois chez Robert Godet, un écrivain, qui raconte que la jeune femme redoutait « l'ennui qu'inflige aux auditeurs, à tort ou à raison, une musique qui ne les intéresse pas ». Non seulement Camille Claudel aborde la musique de Debussy sans méfiance, mais « elle lui prêta une curiosité de plus en plus éveillée, mais elle finit par l'écouter avec un recueillement qui n'avait rien d'une résignation. Et le temps vint où on l'entendit, quand le pianiste quittait son piano les mains glacées, lui dire en le conduisant vers la cheminée : "Sans commentaire, Monsieur Debussy". Elle avait été à bonne école, et n'aurait pu, sculptrice, offrir au musicien plus précieux hommage. » De son côté, « Debussy a cédé à l'attrait de la sculpture claudélienne », le type de beauté créé par Camille exerçant sur lui « un spécial et salutaire attrait ». Il « adorait *La Petite Châtelaine* [...] et révérait [...] l'âpre *Clotho* » ; il trouvait dans *La Valse*, dont il avait un exemplaire, « cette langueur et cet élan confondus en un seul rythme qui ne défaille que pour s'envoler plus inépuisablement ».

L'œuvre est vivement critiquée par la bourgeoisie locale, mais le critique Gustave Geffroy prend, à cette occasion, le parti de Camille ; il comptera désormais parmi les fervents défenseurs de son œuvre aux côtés de Maurice Hamel et de Gabriel Mourey, entre autres.

Morhardt explique que ce sont les rues et leurs passants qui, à cette époque, donnent à Camille mille idées d'œuvres futures. Ainsi, « quatre femmes assises les unes en face des autres dans l'étroit compartiment d'une voiture de chemin de fer et qui semblent se confier on ne sait plus quel précieux secret » lui suggèrent *Les Causeuses* (ci-dessous).

« C'est une artiste incomprise »

L'année 1895 mobilise toutes les bonnes volontés pour aider l'artiste. Antoine Bourdelle, qui entretient avec Rodin des rapports quasi filiaux, encourage Henri Fontaine, propriétaire d'une fabrique de serrurerie décorative, à acheter une *Petite Châtelaine* en marbre pour la somme de 2 500 francs alors que Camille n'en demande que 1 500. Le peintre norvégien Frits Thaulow lui achète plusieurs œuvres, dont *La Valse*. Gens de lettres et critiques ne seront pas en reste. Octave Mirbeau prend plusieurs fois la plume pour la défendre ; en 1895, dans sa critique du Salon, ses propos prennent un ton exaspéré : « Et ce mot de génie, dans ce grand jardin où des êtres aux yeux vides passaient et repassaient sans seulement jeter un coup d'œil sur l'œuvre de Mlle Claudel, résonnait comme un cri de douleur. » Marcel Schwob poussait alors Mirbeau à intervenir auprès de Roujon, qu'il connaissait bien, pour faire acheter *La Valse* par l'État. Mirbeau écrit à Rodin : « J'ai un projet pour Mlle Claudel. Je crois que vous l'agréerez. Mais il faudrait que

nous en causions. Et je serais très heureux que nous en causions avec Mlle Claudel elle-même. » Rodin se montre désabusé : « C'est votre cœur Mirbeau qui est un obstacle, c'est votre générosité qui empêche. Je ne sais si Mademoiselle Claudel acceptera de venir chez vous le même jour que moi. Il y a deux ans que nous ne nous sommes vus et que je ne lui ai écrit... Tous ont l'air de croire que Mlle Claudel est ma protégée quand même, quand c'est une artiste incomprise. »

De son côté, Mathias Morhardt manœuvre pour attirer Maurice Fenaille boulevard d'Italie ; l'industriel et mécène finance *La Vague* (il achètera aussi, plus tard, *L'Hamadryade)*. Il faut ajouter à ces œuvres manifestement très éloignées de l'art de Rodin *Les Causeuses.* Toutes justifient les propos du maître : « Je lui ai montré où trouver de l'or, mais l'or qu'elle trouve est bien à elle. »

« Cette jeune fille à genoux, c'est ma sœur »

En juillet, c'est Armand Sylvestre, un inspecteur envoyé par le ministère, qui vient la voir pour

“Je ne crois pas me tromper en disant qu'il n'existe à peu près aucune œuvre moderne qui ait l'envergure des *Causeuses*. Il me semble, du moins, que je n'en sais aucune où le drame se développe avec autant de soudaineté, autant de simplicité, autant de lucidité. Elle est d'ailleurs sans parenté précise avec quoi que ce soit que nous connaissions [...]. Et ces *Causeuses* « sont », en effet, d'une façon définitive. Elles ne « sont » pas seulement en vertu du caractère dramatique de leur expression. Elles « sont » parce qu'une sorte de miraculeuse raison en gouverne chaque partie en vue des fins de l'ensemble. Le poème est magnifiquement écrit. Car c'est un poème, en effet, que ces quatre femmes, assises en cercle autour de l'idée qui les domine, autour de la passion qui les inspire et qui les pénètre. C'est un poème dont ces cous tendus, dont ces têtes levées, dont ces torses souples et lumineux constituent les strophes splendides. C'est un poème où le sang circule, où quelque chose palpite, où il y a des épaules que soulève une émotion intérieure, où il y a des poitrines qui respirent, où s'atteste enfin la prodigieuse richesse de la vie.”

Mathias Morhardt

qu'elle choisisse un buste à réaliser sur la liste établie par le Bureau des travaux d'art. Une fois le choix fixé sur un buste de Gaston d'Orléans, Camille profite de sa visite pour soumettre ses travaux en cours, notamment une « maquette » de *L'Âge mûr*, qu'elle souhaiterait réaliser en marbre pour 5000 francs. Armand Sylvestre précise dans son rapport : « C'est vraiment de la part d'une femme une œuvre très noble et très poussée. » L'artiste reçoit dans un premier temps commande d'une version en plâtre pour la somme de 2500 francs, qu'elle « accepte avec plaisir ». Une lettre avait été préparée pour informer Rodin, mais, devant le sujet de la sculpture, l'administration préfère taire sa décision et ne l'envoie pas. Restée dans le dossier d'acquisition, elle permet de comprendre que Rodin avait été l'instigateur de cette commande, ne se doutant pas alors que Camille a mis en scène le drame de leur séparation. « Cette jeune fille à genoux c'est ma sœur, écrira Paul... Ma sœur Camille implorante, humiliée à genoux, cette superbe, cette orgueilleuse, c'est ainsi qu'elle s'est représentée. Implorante, humiliée, à genoux et nue ! »

Cette année-là, Rodin vient d'acheter à Meudon, où il vit avec Rose depuis 1893, la Villa des Brillants, ne laissant plus aucun espoir de retour à Camille. Et Paul ne rentre en France que pour quelques mois, avant de prendre son nouveau poste à Han-Kéou, en Chine. C'est pour lui l'occasion de revoir ses amis. Dans son *Journal*, à la date du

Le Dieu envolé, appelé aussi *L'Implorante* (ci-contre ; en haut, une étude pour la tête), est lié à la genèse du groupe de *L'Âge mûr* ; le torse est encore très vertical alors qu'il se projette en avant dans le groupe. La chevelure, proche de l'écheveau qui recouvre la tête de *Clotho*, n'est pas du goût de Paul Leroi : « *Le Dieu envolé*, que ce soit Cupidon ou tout autre, on ne s'en préoccupe pas ; on ne cherche dans cette étude que le mérite qui y abonde, mais que dépare une chevelure en fils de laiton. »

19 mars 1895, Jules Renard décrit l'atmosphère étrange d'un dîner organisé chez Camille, boulevard d'Italie : « L'atelier traversé de poutres, avec des lanternes suspendues par des ficelles. Nous les allumons. Des portes d'armoire que Mlle Claudel a plaquées contre le mur. Des chandeliers où la bougie se plante sur une pointe de fer et qui peuvent servir de poignards, et des ébauches qui dorment sous leur linge. Et ce groupe de *La Valse* qui semble vouloir se coucher et finir la danse par l'amour. » Il décrit aussi la jeune femme d'une plume acerbe : « Son visage poudré ne s'anime que par les yeux et la bouche. Quelquefois, il semble mort. Elle hait la musique, le dit tout haut comme elle le pense, et son frère rage, le nez dans son assiette, et on sent ses mains se contracter de colère et ses jambes trembler sous la table. »

« Elle va ! Elle est de la race des héros »

Au cours des mois qui suivent, c'est Mathias Morhardt, rédacteur au journal *Le Temps*, qui joue les messagers entre Rodin et Camille,

Armand Sylvestre, critique et inspecteur des Beaux-Arts, écrit à propos de la première version en plâtre du groupe (ci-contre), qu'il découvre en 1893, dans l'atelier de Camille : « Il représente l'âge mûr, figuré par un homme que la vieillesse attire, que la jeunesse retient [...]. Le mouvement en est vraiment lyrique et la préoccupation de Rodin est manifeste. » L'ambiguïté de cette dernière phrase n'est toujours pas levée : Sylvestre veut-il dire que l'évocation de l'histoire de Camille et de Rodin lui paraît déjà évidente ou que le style de Rodin y est manifeste ? Dans la première version de *L'Âge mûr*, l'homme, tiraillé entre deux femmes, donne encore la main à la jeunesse. Ce ne sera plus le cas dans la deuxième version.

lesquels reprennent timidement contact.
Le journaliste, de la même génération que Camille, ne reste pas indifférent aux difficultés rencontrées par l'artiste. En peu de temps, il devient l'homme providence. Il invite souvent Camille à dîner chez lui et lorsqu'elle tombe malade, c'est Mme Morhardt qui reste auprès d'elle pour la soigner tandis qu'il rassure Rodin. C'est sur sa proposition que le Cercle de la Plume organise, le 16 janvier 1895, un banquet, présidé par Rodin, en l'honneur de Puvis de Chavannes qui réunit 530 personnes. Une souscription y est lancée pour l'achat d'une version en marbre de *Clotho* destinée à être offerte au musée du Luxembourg. Rodin ayant versé 1 000 francs sur les 2 000 francs réunis pour cette acquisition, la sculpture sera achevée en 1897.

Mathias Morhardt (ci-dessus, en 1913), journaliste du *Temps*, poète et auteur dramatique, fait sans doute la connaissance de Camille vers 1888 alors qu'il rencontre Rodin.

Un an plus tard, en 1896, Morhardt organise avec le peintre Baud-Bovy, à Genève, la première grande rétrospective de l'œuvre de Rodin, où le buste du sculpteur par Camille est présenté. Il en profite pour évoquer longuement le travail de la jeune femme dans le *Journal de Genève*. Le ton est si passionné qu'un de ses collègues, William Sarment, lui reproche : « Vous ne louez pas trop, vous louez à côté de la note. » C'est grâce à lui encore, sollicité par Camille qui entretient ainsi de bonnes relations avec sa famille, que Paul publie ses poèmes écrits en Chine dans la *Revue de Paris*. A-t-elle besoin d'un ouvrier pour l'aider à finir le marbre des *Causeuses* qui lui donne bien du tracas ? Morhardt transmet la demande à Rodin. A-t-elle besoin d'être

REVUE ENCYCLOPÉDIQUE

Mlle Camille CLAUDEL.

Mme James DARMESTETER.

Mme Alphonse DAUDET.

Le marchand Eugène Blot vendra soixante-cinq exemplaires de *Rêve au coin du feu* (ci-contre), la meilleure vente de Camille. Comme « la grande artiste avait toujours besoin d'argent, confiait-il [lettre ci-dessous], elle me fit une autre figure devant une cheminée appelée *La Bûche de Noël* [...]. J'ai eu un gros succès de vente en plaçant derrière les bûches de ces cheminées, surtout la première, une ampoule rouge pour en faire des veilleuses. »

rassurée sur la sculpture qu'elle doit exposer à la galerie Bing ? Elle interroge Morhardt : « La petite femme à genoux n'est pas encore terminée, elle est encore chez le grandisseur elle aussi, est-elle bien ? Je ne me rends jamais compte ayant toujours des doutes sur mes œuvres. »

Mathias Morhardt s'agite peut-être trop et Camille finit par montrer des réticences à son égard, mais il ne désarme pas et rédige la première biographie de l'artiste. C'est un véritable plaidoyer en faveur du sculpteur qu'il publie en 1898 dans le *Mercure de France*. « Elle va ! Elle est de la race des héros », achève-t-il son article, phrase dont il fera aussi la dernière tirade de sa pièce, *La Mort du roi*.

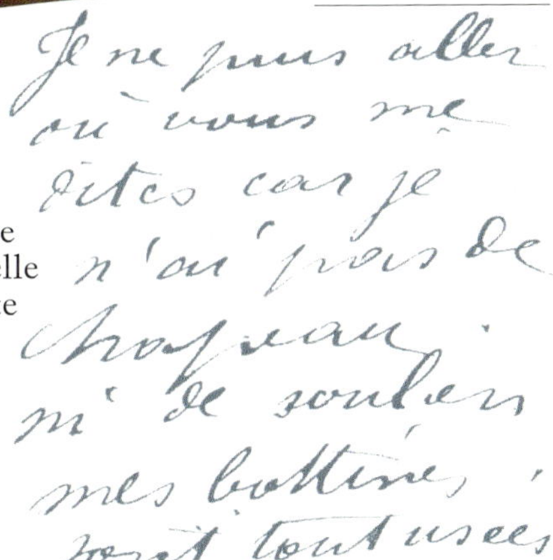

Je ne puis aller où vous me dites car je n'ai pas de chapeau ni de souliers mes bottines sont tout usées

Camille

« **Un génie comme vous est rare** »

Au cours de l'hiver 1896, des difficultés dans la taille du marbre entraînent de nouveaux problèmes d'argent que Camille cherche à endiguer en vendant des bustes

Page de gauche, article anonyme consacré à Camille Claudel, paru en 1896 dans un numéro spécial de la *Revue encyclopédique Larousse*, « Les femmes et les féministes ».

en plâtre. Léon Maillard lui commande bien deux portraits de Rodin gravés pour illustrer son livre *Auguste Rodin statuaire* – qui ne sera édité qu'en 1899 –, mais le travail est mal payé et elle s'en plaint. Ces années-là, elle s'épuise au travail – la taille de l'onyx vert, qu'elle utilise pour *La Vague* et *Les Causeuses*, est particulièrement éprouvante ; sa santé est fragile et son humeur de plus en plus difficile.

Avec *La Vague*, Camille se surpasse en inventant un nouvel espace sculptural où l'homme se trouve ramené à sa petitesse sans y perdre sa joie de vivre. Une vague gigantesque, venue d'une célèbre estampe d'Hokusai, s'apprête à recouvrir, telle une grotte profonde, un trio de baigneuses réjouies. Extraite d'un bloc d'onyx aux couleurs de mer écumeuse, *La Vague* évoque la mâchoire ouverte d'un dragon abritant une ronde de femmes-enfants.

Debussy pastiche la gravure d'Hokusaï pour la publication de ses esquisses symphoniques intitulées *La Mer* (à droite), dont la création aux Concerts Lamoureux a lieu la même année que la première exposition de *La Vague* de Camille chez Eugène Blot, en 1905.

Toutefois, les deux artistes trouvent encore quelque apaisement dans l'attention qu'ils se portent. Rodin aussi a besoin d'encouragements et il sollicite son avis sur le *Balzac* par l'intermédiaire d'un praticien, Le Bossé. Camille le rassure en quelques lignes rapides pour s'épancher longuement sur ses propres déboires : Morhardt lui a passé commande de quinze bustes représentant Rodin pour le *Mercure de France*, mais elle s'avise que l'affaire lui coûtera de l'argent au lieu de lui en rapporter ; d'ailleurs, selon elle, les Morhardt « font plutôt semblant » de lui porter intérêt. Mme Morhardt « est jalouse, comme toutes les femmes ». Enfin, elle a dû payer 1 000 francs à Mme Courcelles pour avoir laissé en dépôt ses plâtres à l'Islette. Rodin, soupçonnant l'imagination de Camille de lui jouer des tours, lui répond point par point – défendant Morhardt : « Il faut rester fidèle aux amis » ; rappelant : « Vous avez la vertu de la sculpture » ; conseillant : « Laissez votre caractère de femme, qui a dispersé des bonnes volontés [...] nc tombez pas dans d'inextricables contrariétés » – et termine, plein de respect : « Votre ami et un de vos plus sincères admirateurs qui embrasse vos mains. »

Camille a peu représenté Rodin : un buste, quelques dessins caricaturaux et deux croquis du sculpteur au travail (ci-dessous) commandés par le journaliste Maillard.

En 1898, Camille déménage à nouveau. Elle traverse la Seine pour installer atelier et logement au 63, rue de Turenne. Chaque année amène son lot de difficultés, et son existence se complique de plus en plus. « Mlle Claudel a envoyé, il y a trois jours au palais des Machines son beau buste en marbre et un petit bronze, une femme agenouillée, le buste n'est pas encore exposé, il est dans la poussière et au soleil. Quant au bronze elle ne sait pas où il est, il paraît qu'elle a été fort mal reçue à l'administration qui lui a même refusé ses cartes », déplore Geffroy auprès de Rodin, le suppliant de « faire immédiatement le nécessaire ». Celui-ci, qui doit lui-même affronter une véritable cabale contre son *Balzac*, essaie, une fois encore, d'arranger les choses.

« Le métier de sculpteur est pour un homme une espèce de défi perpétuel au bon sens, il est pour une femme isolée et pour une femme avec le tempérament de ma sœur une pure impossibilité. Elle avait tout misé sur Rodin, elle perdit tout avec lui. Le beau vaisseau, quelque temps ballotté sur d'amères vagues, s'engloutit corps et biens. »

Paul Claudel, « Ma sœur Camille, son œuvre est l'histoire de sa vie », *Le Figaro littéraire*, 17 novembre 1951

CHAPITRE 4

« IL SEMBLE NATUREL QUE JE DOIVE TOUT ENDURER »

En décembre 1905, Eugène Blot organise, boulevard de la Madeleine, la première exposition Camille Claudel. En 1906, il ouvre une nouvelle galerie rue Richepanse, qui lui permet de présenter aussi des peintures. C'est là qu'il monte une deuxième exposition des œuvres de Camille à l'automne 1907 (ci-contre). À gauche, détail de la *Niobide blessée*.

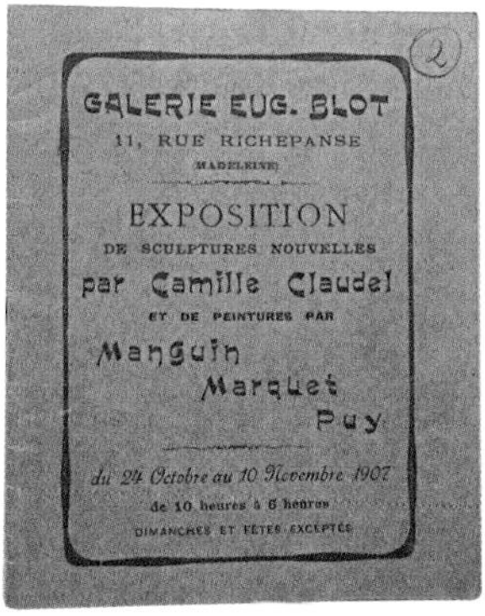

« L'Âge mûr », une histoire sans fin

Au mois d'octobre 1898, trois ans après la première visite d'Armand Sylvestre, *L'Âge mûr* est terminé. Dans son troisième rapport, l'inspecteur des Beaux-Arts indique que l'œuvre « d'une facture très moderne, mériterait l'exécution en bronze ». Sur la foi de ces propos, Camille attend avec impatience les 1 500 francs qui solderaient l'affaire. Mais il lui faut attendre plusieurs semaines et envoyer plusieurs lettres de réclamation avant d'obtenir son dû.

Quelques mois plus tard, quand Rodin découvre le groupe en plâtre au Salon du Champ-de-Mars, il est probable qu'il n'apprécie pas de voir exposer ainsi sa vie intime sur la place publique. Aucun écho de sa réaction n'est parvenu jusqu'à nous, mais le directeur des Beaux-Arts, Henry Roujon, fait « supprimer » sans aucune explication la commande de *L'Âge mûr* en marbre. À partir de ce jour, Camille tiendra Rodin pour responsable de tous ses malheurs. Après une dernière embellie, les liens entre les deux artistes sont définitivement rompus.

Certains visiteurs du Salon vont se montrer, au contraire, enthousiastes; le peintre Léon Lhermitte et surtout Louis Tissier vont même s'arrêter longuement devant cette œuvre. Après avoir été présenté à Camille le jour du vernissage, Tissier va acheter un plâtre de *L'Implorante* qu'il fait fondre en bronze sur les conseils de Camille. Militaire de carrière, il est amené à se déplacer souvent, et, au cours des années 1900-1901, suit le corps expéditionnaire français en Chine. À son retour, sa fascination pour

Camille écrit à Louis Tissier (à gauche) qui souhaite acheter *L'Implorante* (ci-dessous) : « Je voudrais pouvoir vous faire un prix très doux [mais] ma sculpture me coûte à moi fort cher [...]. Je ne crois pas pouvoir vous la donner à moins de 500 f. »

Vers 1901, Eugène Blot devenu le marchand attitré de Camille fond en bronze six exemplaires en taille réduite (61,5 cm au lieu de 114 cm) de *L'Âge mûr* (ci-contre), vendus 4 000 francs pièce. C'est en tant que trésorier de la Société des amis du Luxembourg qu'il effectue des démarches pour aider « cette femme malheureuse dont beaucoup envient le grand talent mais dont personne ne s'occupe ». Toutefois, l'État refuse de lui acheter un bronze de *L'Âge mûr*, car il a déjà refusé de payer la fonte de cette œuvre à l'artiste elle-même. Le sous-secrétaire aux Beaux-Arts s'excuse : « J'eusse été très heureux de m'intéresser aux travaux artistiques de Mlle Claudel mais malgré l'envoi d'inspecteurs [...] que j'avais chargés d'examiner ses œuvres, l'artiste se refuse à entrer en pourparlers avec eux. »

L'Âge mûr n'a pas faibli ; l'œuvre n'a toujours pas été fondue en bronze, mais Camille a gardé le plâtre de peur qu'il soit maltraité au Dépôt des marbres. Devant le désarroi du sculpteur, il décide de lui acheter l'œuvre complète en bronze. Mais la solde d'un capitaine du Génie, même polytechnicien, n'est pas suffisante. Camille, peu disponible car préoccupée par la santé de son père, propose à Louis Tissier de trouver lui-même un fondeur plus avantageux que Rudier qui demande 6 000 francs pour la fonte. Le capitaine retient la société Thiébaut, Fumière et Gavignot, qui se charge du travail pour 2 800 francs, qu'il payera en huit fois. Tissier est si heureux de son acquisition de *L'Âge mûr* qu'il propose généreusement à Camille de reprendre sa figure de *L'Implorante*. Elle refuse : « Quant à la figure en bronze que vous avez, puisque vous l'avez achetée, elle est à vous, pourquoi me la rendriez-vous ? »

« Mon frère, retour de Chine »

À l'automne 1899, Paris est un immense chantier : les préparatifs de l'Exposition universelle de 1900 bouleversent la capitale, des bâtiments exotiques poussent comme des champignons sur les bords de la Seine. Présenter quelques œuvres parmi celles d'autres artistes, ne suffit pas à Rodin qui souhaite frapper un grand coup. Il organise une vaste rétrospective de son travail dans un pavillon qu'il fait construire place de l'Alma, en marge de l'enceinte officielle. Camille, qui ne cesse de se débattre pour tenter de résoudre ses problèmes financiers, en conçoit une certaine amertume. En outre, *L'Âge mûr* et le buste de la *Comtesse Arthur de Maigret* ayant été refusés par la Société nationale des beaux-arts, elle en retire *L'Hamadryade*, et démissionne de la Société. Heureusement, Paul est rentré en France pour quelques mois après un périple en Terre sainte. Il songe à abandonner la carrière pour suivre sa vocation religieuse. Mais, après une retraite à l'abbaye de Solesmes, suivie d'un séjour au monastère bénédictin de Ligugé où il retrouve l'écrivain J.-K. Huysmans et le peintre Jean-Louis

À partir de 1899, Camille habite un rez-de-chaussée surélevé dans un vieil immeuble du quai Bourbon (ci-dessus), où on ne lui connaît ni relations ni amis. En 1905, elle demande à Asselin, venu l'interviewer, de poser pour elle, car elle n'a pas de quoi payer des modèles. Il est l'une des rares personnes à décrire le dernier domicile de l'artiste avec « les marbres, les pierres, les terres cuites, les maquettes enveloppées de linges humides, dans un appartement d'une incroyable nudité, dont deux pièces au moins étaient transformées en ateliers, où un divan servait de lit, [...] où il n'y avait ni meubles ni décor d'aucune sorte ».

Forain, il est renvoyé à la vie séculière par le prieur de l'abbaye. Il partage alors son temps entre Villeneuve et Paris où il loge chez sa sœur Louise, devenue veuve en 1895. Celle-ci habite quai d'Anjou, à quelques pas du nouvel atelier de Camille – situé au 19, quai Bourbon – et de chez Marcel Schwob, qui a emménagé dans le quartier avec Marguerite Moreno. En ce début de siècle, l'île Saint-Louis est devenue non seulement le point de ralliement des enfants Claudel mais aussi, selon les propos d'André Salmon, « un fameux canton de la République des Lettres ». L'écrivain diplomate retrouve certains de ses amis du café d'Harcourt, André Gide, Marcel Schwob et Francis Jammes, pour fêter au restaurant Lapérouse la publication de son recueil, *Connaissance de l'Est*.

Le marbre de *La Comtesse Arthur de Maigret* est exemplaire du rendu conventionnel des bustes de commande de Camille (page de gauche, en bas), alors que *L'Hamadryade*, en marbre et bronze, (ci-dessous) est une œuvre singulière proche du courant Art nouveau qui allie le corps de la femme à des éléments végétaux.

Depuis 1898, l'affaire Dreyfus divise la France en deux et les amis d'hier deviennent les ennemis d'aujourd'hui. L'attitude timorée de Rodin, qui avait craint un amalgame entre les personnalités qui avaient soutenu son *Balzac* et celles qui défendaient Dreyfus, déçoit fortement son entourage. De son côté, Camille se brouille avec Morhardt. En février 1900, Jules Renard, qui déjeune chez elle avec Paul, raconte : « Il parle du mal que l'affaire Dreyfus nous a fait à l'étranger [...]. Sa sœur a dans sa chambre un portrait de Rochefort et sur sa table *La Libre Parole* » d'Édouard Drumont, deux anti-dreyfusards convaincus. Renard ajoute : « Elle a envie de suivre [Paul] dans ses consulats. » En octobre, Paul repart, seul, pour la Chine.

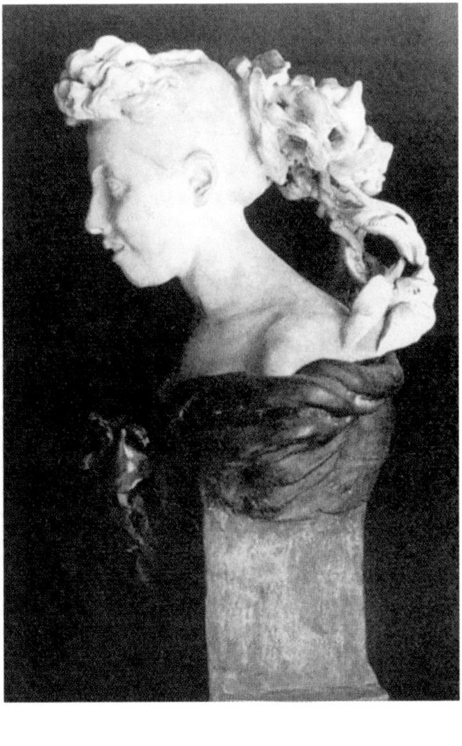

« Ce Persée de malheur qui m'a déjà fait tant de mal »

Camille se lance à nouveau dans un projet ambitieux : une version en marbre de *Persée et la Gorgone*, dont elle a présenté le plâtre au Salon de 1899. Cette commande lui est faite par la comtesse de Maigret, dont elle vient de réaliser le buste et celui de son fils. S'enclenche alors un processus malheureusement familier : le marbre est onéreux, le travail long et pénible nécessite l'aide d'un praticien, le tout entraîne un besoin pressant d'argent qui l'oblige à vendre vite et à n'importe quel prix. C'est à Maurice Pottecher, qui n'a pas un sou, son théâtre engloutissant tout, qu'elle propose un *Buste de Rodin*. L'homme de lettres, sans doute pour faire un geste à l'égard de la sœur de son ami Claudel, va la voir rue Campagne-Première, dans l'atelier qu'elle loue spécialement pour le *Persée*. Il est alors effrayé par l'état dans lequel il la trouve : « J'ai admiré la statue, mais l'auteur m'a navré. Elle est fatiguée jusqu'au désespoir. Elle veut abandonner son art et elle a déjà brisé une partie de ses moules. Son caractère, ombrageux et un peu bizarre, explique sans doute en partie la solitude, l'abandon et la quasi-détresse matérielle où elle est réduite après avoir connu toutes les promesses d'un beau succès. »

L'artiste, pourtant, continue à se battre. Au printemps 1902, elle sollicite Geffroy pour qu'il écrive sur « ce *Persée* de malheur ». Un article lui permettrait d'exposer au Salon et de demander plus d'argent à la comtesse de Maigret, qui lui a acheté l'œuvre 9 000 francs. Pompon, son praticien, lui a déjà coûté 4 000 francs alors que la sculpture, de près de deux

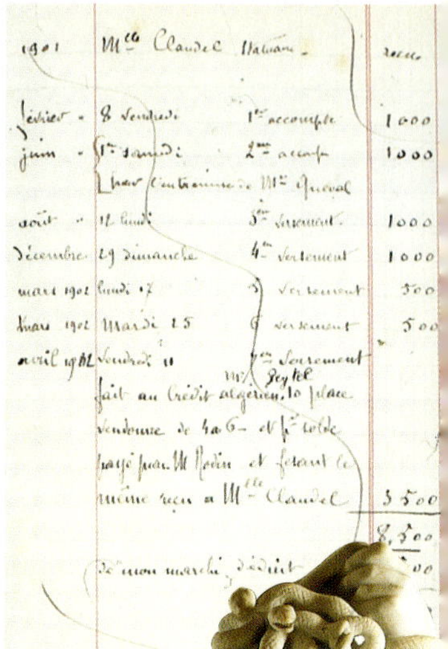
1901 Mlle Claudel
février - 8 vendredi 1er acompte 1000
juin - 1er samedi 2me acompte 1000
août - 12 lundi 3me versement 1000
Décembre 29 dimanche 4me versement 1000
mars 1902 lundi 17 versement 500
mars 1902 mardi 25 versement 500
avril 1902 vendredi 11 7me versement
Mr Peytel
fait au Crédit algérien, 10 place Vendôme de 4a 6 — et 1er solde payé par Mr Rodin et faisant le même reçu à Mlle Claudel 3500
8500
De mon marché, déduit

mètres, n'est pas encore finie. Autre difficulté, elle doit rencontrer Carolus-Duran, président de la Société nationale des beaux-arts, pour reprendre sa démission.

Camille, qui a désormais 38 ans, n'a jamais vraiment eu ni le temps ni le goût de mener une vie mondaine, ni celui de développer un réseau de relations, mais elle maintient encore un semblant de vie sociale. Elle invite Geffroy à dîner avec Pottecher, sa femme et quelques amis : « Ne redoutez pas trop ma cuisine, et ne vous figurez pas que je ne suis capable de gâcher que le plâtre. Vous me ferez un affront sanglant de me refuser car du côté cuisine, j'ai la tête près du bonnet », écrit-elle avec humour. À une autre occasion, elle se tourne vers le président du Crédit algérien, Joanny Peytel, qui a aidé Rodin au financement du pavillon de l'Alma.

Le livre de pratique du sculpteur Pompon (à gauche) permet de connaître, rubrique par rubrique, le coût de la réalisation d'une œuvre de la taille de *Persée et la Gorgone*. Fourniture du marbre et ébauche : 2 000 francs, mise au point, 3 000 francs, la pratique, 2 000 francs, plus 2000 francs à la livraison, soit 9 000 francs. Camille arrive à payer 5 000 francs en six fois ; le solde est réglé à son insu par Rodin par l'intermédiaire de Joanny Peytel, Pompon acceptant une réduction de 500 francs.

Le *Persée et la Gorgone* (ci-contre et page de gauche) de Camille, contrairement à celui de Benvenuto Cellini, Florentin de la Renaissance, qui lui sert de modèle, n'est pas armé d'un sabre mais d'un miroir. Rompant avec le réalisme des études d'après nature comme *Les Causeuses* et les allégories autobiographiques comme *L'Âge mûr*, Camille trouve avec cette œuvre des formes originales et un rythme tout à fait neuf. Cette sculpture est la seule qui préfigure la fin de Camille, et Paul se demandera : « Quelle est cette tête à la chevelure sanglante [...] sinon celle de la folie ? Pourquoi n'y verrais-je pas plutôt une image du remords ? »

Le banquier, entraîné à son tour dans le réseau qui soutient Camille, achète un buste de Paul par versements de 500 francs pendant un an, à compter de février 1902. L'artiste, qui connaît bien son monde, n'est pas dupe : elle devine la présence de Rodin derrière toutes ces interventions...

Eugène Blot, « infortuné éditeur en objets d'art »

Gustave Geffroy, qui était connu pour défendre « ses convictions et ses amis par son accent de sincérité, par son rire, par son coup d'œil de Breton têtu », va remplacer Morhardt auprès de Camille et amener Eugène Blot dans l'atelier du quai Bourbon. Ce marchand d'art qui ouvre sa première galerie en 1899, boulevard de la Madeleine, a hérité de son père une fabrique de bronzes. Il éditera une vingtaine d'œuvres de Camille, assurant ainsi leur diffusion dans le public. Les lettres échangées entre Camille, Gustave Geffroy, Eugène Blot et le capitaine Tissier sont les principales sources d'informations sur la vie de la jeune femme au cours des premières années du siècle. Si ces correspondances ne manquent souvent pas d'humour – Camille, qui est « d'une franchise entière, absolue » avec ses interlocuteurs, garde un esprit caustique –, elles ressassent surtout sans fin les difficultés de l'artiste, qui court

Datées de 1904 à 1906, les lettres qui ont été conservées de Camille à Eugène Blot (à droite), son marchand et mécène, révèlent non pas une femme vieillie avant l'âge mais une artiste qui, face à l'adversité, manie aussi bien la dérision que l'autodérision : « Comment pouvez-vous dormir sur vos deux oreilles pendant que des quantités de femmes sculpteurs s'écrient : à l'aide au secours je me noie ! » ; ou bien : « Il y a une chose qui ressort clairement de tout cela : c'est que les billets de mille francs sont excessivement rares sur la place de Paris et qu'ils passent souvent près du quai Bourbon sans s'y arrêter » ; ou encore : « Il est en effet avéré pour moi que je suis la plaie, le choléra des hommes bienveillants et généreux qui s'occupent de la question d'art et que, lorsqu'on me voit arriver avec mes plâtres, je ferais fuir l'Empereur du Sahara lui-même. » Camille n'est toutefois pas dupe de ses emportements : « Excusez cette littérature exubérante, j'ai besoin de déverser ma rage sur le premier qui se trouve à ma portée : c'est tant pis pour vous. »

après un article, un achat, un appui ou tout simplement un peu d'attention. D'une année sur l'autre, l'étau se resserre, les échéances de toutes sortes l'étouffent ; Camille se sent persécutée. Lorsque Blot, qui fait partie du comité du Salon d'Automne depuis sa création en 1903, l'invite à participer à cette nouvelle manifestation parisienne, elle refuse : « Je suis comme Peau d'Âne ou Cendrillon condamnée à garder la cendre du foyer, n'espérant pas de voir arriver la Fée ou le Prince charmant qui doit changer mon vêtement de poil ou de cendre en des robes couleur du temps. » En octobre 1904, elle lui propose une *Petite faunesse qui joue de la flûte* pour payer son loyer car elle ne veut plus être réveillée par Adonis Pruneaux, « son huissier ordinaire ». Camille retourne encore de temps en temps à Villeneuve, où son père se rend parfaitement compte de la situation : « C'est avec un crève-cœur que je laisserai Camille à son isolement », écrit-il à Paul lorsqu'il part passer un mois à Gérardmer.

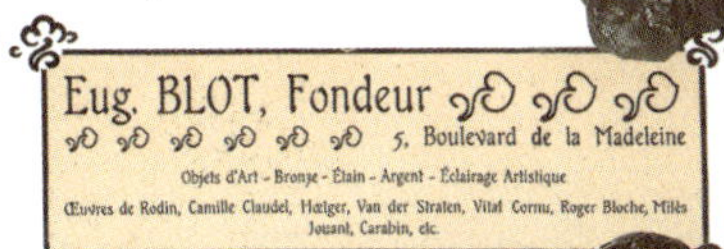

Camille propose à Blot de faire réaliser une *Joueuse de flûte* (page de gauche, bronze) « avec un rocher en onyx vert (rappelant la mer) ; la flûte en métal brillant » – une association dans la lignée des *Causeuses*. Le savant déséquilibre et le mouvement dansant de *La Fortune* (ci-contre et en haut) évoquent le personnage féminin de *La Valse* dont Camille a peut-être réutilisé une étude.

Un monument à Blanqui ?

À la fin de l'année 1904, Geffroy propose à Camille de faire un monument à Blanqui commandé par la ville de Puget-Théniers,

Au début des années 1900, Mary Léopold-Lacour, collaboratrice du journal *La Fronde*, prépare un article sur Camille qu'elle souhaite illustrer. Camille répond : « Je ne suis pas en état actuellement de me faire photographier. Je viens d'être malade. J'ai la figure défaite et puis, je n'ai pas de costume flatteur pour moi. [...] Je suis heureuse d'apprendre par vous que quelque chose de joyeux se prépare pour moi. » Elle donne alors deux photographies prises vers 1902, celle avec le *Persée* et celle où elle lit (ci-contre). L'article, prévu pour 1906, est en fait resté à l'état de notes. La journaliste, très impressionnée par la personnalité de Camille, s'y montre « inquiète de se voir peut-être attribuer quelque partialité, ou "emballement bien féminin", sans contrôle » et décide plutôt de citer des hommes, les grands critiques du temps.

dans le Midi, où est né l'insurgé. Elle hésite d'abord, craignant de ne pas avoir la force et la santé pour mener le projet à son terme. Mais la lecture de *L'Enfermé,* l'ouvrage que Geffroy avait publié en 1893 sur le théoricien révolutionnaire, semble la convaincre d'accepter. Sans doute se sent-elle proche de cet homme, qui « dans une brume trop épaisse, [...] se débat en vain et succombe ». Pour remercier Geffroy et pour qu'il ne se décourage pas, elle lui offre un petit modèle de *La Valse*, avec l'espoir qu'il en fasse la publicité autour de lui. Elle lui recommande toutefois de ne pas le montrer à son ami Blot, car, ayant déjà cédé les droits de reproduction à une autre société, elle ne pourrait trouver un accord avec lui. C'était mal connaître Blot qui s'entend avec Siot-Decauville, rajoute *La Valse* à son catalogue et en fera un succès commercial.

Geffroy, qui tient à son idée, encourage Camille à se rendre dans l'arrière-pays de Nice afin de choisir un emplacement pour le monument

Blanqui ; elle refuse, persuadée, une fois de plus, que Rodin cherche à l'éloigner de Paris au moment du vernissage du Salon ; elle commence même à soupçonner Geffroy d'être à son tour tombé entre les griffes du « sieur La Fouine ». En fait, avant de prendre une décision, Camille aurait aimé connaître l'avis de Paul dont le retour à Paris est prévu pour avril 1905. Mais Paul tarde, il n'est pas là le jour du vernissage du Salon. Aussitôt, elle accuse : « Cela ne m'étonnerait pas qu'une mauvaise bête ne le fasse assassiner. » Et, dans un moment de profond abattement, elle écrit à Geffroy : « Il semble naturel que je doive tout endurer, maladies, manque d'argent, manque de toute affection ce n'est jamais trop et ce qui pour une autre femme serait déjà un calvaire, pour moi n'est qu'un petit détail : il faut marcher quand même et ne pas demander grâce. J'envie celles qui trouvent au début de leur existence un protecteur bienveillant au lieu d'un ennemi sournois et acharné : cela simplifie tout, le chemin se trouve tout tracé. » De son côté, la commission de Puget-Théniers se montre réticente et discute des propositions de Camille, qui finit par renoncer. Elle se justifie en expliquant qu'avec sa « manière », le monument lui aurait coûté 15 000 francs alors qu'on lui en donnait la moitié, et précise : « Je n'ai fait que deux statues grandeur nature dans ma vie, elles ont fait ma ruine. » C'est Maillol qui honorera la commande avec *L'Action enchaînée*. Geffroy est découragé, Blot mécontent : il comptait sur la publicité qui aurait été faite autour de la commande et qui aurait forcément rejailli sur l'ensemble de l'œuvre de Camille.

❝M. Blot aura contribué puissamment à former le goût du public. [...] Voyez dans sa galerie, boulevard de la Madeleine [en bas à gauche], les œuvres de cette incomparable statuaire qu'est Mlle Claudel. *L'Abandon*, *L'Imploration*, *Persée*, *Les Bavardes*, *La Valse*, *Les Baigneuses* ! Qui ne s'enorgueillirait de les montrer en son salon ? Quelle mondaine ne se réjouirait de les disposer en son boudoir ? La technique de Camille Claudel est étonnante de science, d'harmonieuses proportions, le thème en est délicieux ou grave, et toujours chaste.❞

Article anonyme sur la galerie Eugène Blot

« Je vais disparaître dans un cataclysme »

En mars 1905, la jeune femme est dramatiquement à court d'argent; son loyer est impayé depuis presque une année, son mobilier a été saisi. Par l'intermédiaire de Joanny Peytel, Rodin paie : « Il nous a paru conforme à votre désir de lui éviter le malheur qui la menaçait, en faisant payer pour elle les 326, 95 f qu'elle devait à son propriétaire, y compris les frais. » Si Camille ne peut payer ni son loyer ni même « ses œufs », elle polit « avec rage » un groupe « destructeur de [s]a tranquillité », qui n'est autre que *Vertumne et Pomone*, la version en marbre de *Sacountala*. L'inspecteur des Beaux-Arts, dépêché alors pour un éventuel achat de l'État, arrive trop tard : le groupe, qui est devenu comme de la nacre tant elle l'a travaillé, est déjà vendu à la comtesse de Maigret. Mais Camille profite de sa visite pour évoquer la promesse qui lui a été faite d'une commande en bronze ou en marbre de *L'Âge mûr*,

p de pinceau au portrait de Mme d'Hauterive (la fille d'Alexandre Dumas), excelle à dégager toute l'individualité de son modèle. Mme Guyon expose également au Salon des Artistes Français d'émouvantes pêcheuses Bretonnes.

vraiment féminin, jusque dans le détail du griffon s'éveillant dans les plis de la robe de sa maîtresse, et prêtant une oreille inquiète à ce silence qui l'effraie.

Mlle Camille Claudel.

Quai de Béthune, dans ce coin pittoresque et seigneurial du vieux Paris, dans le décor paisible de la Seine, qui traine avec elle l'odeur des pommes, emplissant les bateaux, Mlle Claudel travaille à son envoi du Salon.

J'entre, dans ce rez-de-chaussée, qu'un caprice d'artiste a changé en atelier. Je n'aperçois d'abord qu'une forme confuse, penchée sur un marbre, et des cheveux châtains noués d'un ruban cerise.

— Vous me trouvez au travail; excusez la poussière de mon corsage, c'est moi-même qui sculpte le marbre ; j'ai horreur de confier une œuvre au « *zèle* » du praticien, dit la jeune artiste, en posant la lime.

— Ce travail est dur ! Si le modelage de la glaise est déjà fatigant pour une femme, que dire de ce travail, à même le marbre. Vous devez être la seule, Mademoiselle, à oser tailler la matière ?

— Que voulez-vous, c'est une affaire de conscience; je ne veux livrer qu'une œuvre dont je sois pleinement satisfaite.

— Ce groupe est votre envoi ? Mademoiselle.

— Oui, répond l'artiste, qui fait tourner lentement la selle : c'est *Vertumne et Pomone*.

Le groupe de marbre blanc est merveilleux par sa grâce et sa puissance. Le torse de l'adolescent vit et palpite; avec quelle adoration passionnée, le jeune homme soutient la femme défaillante. C'est d'une pureté de lignes incomparable.

Mlle Claudel sourit, ses yeux se tournent vers moi : deux yeux magnifiques, d'un vert pâle, qui

Mlle CAMILLE CLAUDEL.
Une des plus intéressantes physionomies de femmes artistes de ce temps. Elle envoie cette année Vertumne et Pomone, *un marbre, remarquable par sa grâce et sa puissance.*

Pas plus que Rodin, Camille n'a recours au moulage sur nature. Mathias Morhardt confirme qu'elle ignore profondément ces ingénieux artifices. Elle peut signer de son nom les œuvres qui sortent de son atelier. Elles sont bien d'elle et d'elle seule (ci-dessous, signature dans le marbre).

va jusqu'à rappeler que le plâtre, qui est toujours dans son atelier, est à la disposition de l'État à qui il appartient. Ce dernier ne tarde pas à réclamer son dû et demande que Camille livre rapidement le plâtre au Dépôt des marbres… ce qu'elle n'avait jusque-là pas fait craignant qu'il ne soit maltraité dans ce « grand cimetière de sculptures » !

Toutes ces complications, que Camille provoque souvent elle-même par son caractère entier, entretiennent une tension permanente qui se cristallise autour du nom de Rodin. En juin 1905, le sculpteur reçoit des lettres injurieuses où elle l'accuse de lui avoir volé un marbre. Il s'agit en fait de *Clotho*, destiné au musée du Luxembourg, qui se trouve encore chez lui, les négociations avec le musée n'ayant pas encore abouti. C'est Morhardt qui les reprendra avec Léonce Bénédite et récupérera le marbre en 1909 – date à laquelle on perd toute trace de l'œuvre.

« Mon frère arrive le 4 [avril] »

Durant ces premiers mois de 1905 particulièrement éprouvants, Camille compte avec impatience sur le retour de son frère. Mais Paul vient de vivre, à son tour, une passion dévastatrice avec Rosalie Vetch, rencontrée sur le bateau qui le ramenait en Chine en 1900. Et pour l'heure, il a du mal à reprendre pied après l'abandon de celle que l'on connaîtra longtemps sous le nom d'Ysé, et qu'il tente de retrouver à Bruxelles alors que sa sœur l'attend désespérément à Paris. Se fuyant lui-même, il ne cesse de se déplacer, et ce n'est qu'en juillet qu'il emmène Camille – qu'il trouve bien changée – pour

« Vous me trouvez au travail ; excusez la poussière de mon corsage, c'est moi-même qui sculpte le marbre. J'ai horreur de confier une œuvre au zèle d'un praticien dit la jeune artiste en posant sa lime », relate Gabrielle Reval dans son article « Les femmes au Salon de 1903 » pour la revue *Femina* (page de gauche), Camille faisant les finitions de *Vertumne et Pomone* (détail ci-dessus). La romancière féministe y décrit aussi Camille d'un ton inhabituel : elle « vous attire par sa grâce et vous repousse par sa sauvagerie ».

quelques jours à Eaux-Chaudes, dans les Pyrénées. Alors qu'elle modèle de lui un buste, *Paul Claudel à 37 ans*, l'écrivain rédige en août un long article sur sa sœur, « Camille Claudel, statuaire », qui sera publié dans le mensuel *L'Occident*, et, en septembre, entreprend un article, plein d'animosité, sur Rodin.

Paul éprouve la nécessité d'écrire sur Camille avant de pouvoir évoquer sa propre histoire sous la forme d'une pièce de théâtre, *Le Partage de midi*, qu'il rédige dans la foulée en deux mois… comme si, à travers ces écrits, il se déchargeait d'un lourd fardeau. Mais cette ardeur créatrice ne suffit pas à le guérir de sa meurtrissure. Impatient d'oublier, il se marie à Lyon le 15 mars 1906, « sans aucune cérémonie, dans la chapelle d'un hôpital pour jeunes filles », avec Reine Sainte-Marie-Perrin, la fille de l'architecte de la basilique de Fourvière. Trois jours plus tard, accompagné de sa jeune épouse, il part rejoindre son poste en Chine, où le couple aura deux enfants avant de rentrer en Europe en 1909.

Une « Niobide blessée » mourant d'une flèche

La promptitude de l'engagement de Paul a sans doute déconcerté sa famille et plongé Camille dans un

Loin de sa sœur, à Fou-Tchéou en Chine où il est en poste de 1900 à 1905, Paul (à droite) est tout à sa passion pour Rosalie Vetch. C'est là aussi qu'il rencontre Philippe Berthelot, qui jouera un rôle important dans sa carrière diplomatique.

Niobide blessée (ci-contre) s'inscrit à la fois dans la vie et l'œuvre de Camille après *L'Âge mûr* et *L'Abandon*. L'artiste a tout simplement repris le geste de la jeune femme de son groupe *Sacountala*.

profond sentiment d'abandon. Une nouvelle commande passée par l'État en mai 1906 ne suffit pas à enrayer sa déchéance, même si Armand Dayot demande qu'un premier acompte lui soit remis « d'urgence ». La *Niobide blessée* est terminée dès le mois de septembre ; c'est la dernière œuvre de l'artiste avant qu'elle ne s'enfonce dans la nuit de la folie.

Chaque été, à partir de 1906, raconte le journaliste Henry Asselin, « Camille détruit systématiquement à coups de marteau toutes ses œuvres de l'année. Ses deux ateliers offraient alors un spectacle lamentable de ruines et de dévastation... ». Ayant posé pour elle au cours de ces années-là, il se souvient : « L'extrême négligence de son vêtement et de son maintien, l'absence totale de coquetterie, un teint mat, fané, des rides précoces soulignaient une sorte de déchéance physique [...] ; ses grands yeux foncés, ombrés, auréolés de noir, n'avaient rien perdu de leur beauté, ni son regard d'un éclat troublant, presque gênant parfois. » À son retour de Chine en 1909, Paul note, laconique, dans son journal : « À Paris Camille folle, le papier des murs arraché à longs lambeaux, un seul fauteuil cassé et déchiré, horrible saleté. Elle, énorme et la figure souillée, parlant incessamment d'une voix monotone et métallique. »

À Villeneuve, comme dans le vieil immeuble du quai Bourbon, on s'inquiète. Louis-Prosper Claudel

Selon Henry Asselin, Camille ne parle jamais de sa mère et de sa sœur mais écrit très souvent à son père dont elle fait le portrait en 1905 (ci-dessous). Il est vrai que Louis-Prosper est enclin à plus d'indulgence à l'égard de sa fille que son épouse. Cette dernière ne pardonnera jamais à Camille son attitude. Elle lui écrira en 1927 : « Il a assez souffert lui aussi quand il connut la vérité sur tes relations avec Rodin. L'ignoble comédie que tu nous as jouée. [...] Et toi, qui faisais la sucrée qui vivais avec lui en femme entretenue. »

a connu des difficultés financières et le patrimoine familial a fondu. Il a 80 ans passés et le souci de Camille pèse lourd sur ses épaules; épuisé, il explique en détail à Paul comment, depuis des années, lui et sa femme subviennent aux besoins matériels de sa sœur, jusqu'à son linge de corps. Mais il sait bien que l'isolement de sa fille est en grande partie à l'origine de cette situation pathétique: « Jusqu'ici personne n'a voulu s'occuper d'elle. Il y a bel âge que j'aurais voulu que ta mère allât la voir [...]. Je voudrais que Camille vienne nous voir de temps en temps. Ta mère ne veut pas entendre parler de ça, mais je me demande si ce ne serait pas le moyen de calmer sinon de guérir cette folle enragée. » C'est Louise, qui a toujours fait corps avec sa mère contre Camille, qui est chargée par le père de payer le loyer à son terme.

Dans le même temps, la carrière littéraire de Paul prend son envol, ses pièces commencent à être jouées sur les scènes parisiennes et étrangères. Une liaison tumultueuse avec la duchesse de Choiseul a coupé Rodin de ses plus fidèles amis pendant près de quatre ans; la bourrasque passée, il reprend les négociations pour la création d'un musée à l'Hôtel Biron. Il ne reste plus rien de ce que Camille sculpte au cours de ses dernières années quai Bourbon, seules demeurent de longues lettres incohérentes, quelques mentions dans le *Journal* que tient Paul: « Camille à 4 h du matin s'est sauvée de chez elle. »

« Tout le chagrin est pour moi »

Les événements vont se précipiter alors que le diplomate est en poste à Hambourg; Louis-Prosper Claudel meurt le 2 mars 1913. Lorsque Camille apprend le décès de son père, les obsèques ont déjà eu lieu, personne n'a songé à la prévenir. Son sort est scellé. Quelques mois auparavant, Paul avait pris contact avec le directeur de la Maison de Santé spéciale de Ville-Évrard, où Camille est internée le 10 mars au matin. André Suarès écrit à Paul: « Vous voilà face à face avec deux aspects

Dès le 16 avril 1913, un conseil de famille est constitué pour s'occuper des biens de Camille. Paul, en poste en Allemagne, confie à son grand ami Philippe Berthelot, qui fait partie du dit conseil, le soin de vider l'appartement de Camille, quai Bourbon. Le diplomate se charge des œuvres, la plupart en plâtre, qu'il entrepose chez lui.

En 1895, Rodin arrête le travail en cours de son praticien Victor Peter, qui est en train de tailler un buste de Camille, pour ne garder qu'un visage émergeant à peine du bloc: la *Pensée*, cet étonnant – et symbolique – portrait de Camille, prisonnière du marbre (ci-dessus).

de la nuit. Et la mort n'est pas celui des deux qui a le plus de ténèbres. »

Tout s'enchaîne inexorablement. Le 16 avril, un conseil de famille est constitué pour s'occuper des biens de l'artiste. Le frère et l'amant réagissent comme ils l'ont toujours fait. Un numéro spécial de *L'Art décoratif* consacré à Camille, avec le texte de Paul de 1905, sort au mois de juillet. Une dernière fois, Rodin demande à Morhardt de jouer les intermédiaires pour aider financièrement au mieux-être de Camille.

À la suite de la déclaration de guerre en août 1914, Camille est transférée le 9 septembre à l'hôpital psychiatrique de Montdevergues à Montfavet, dans le Vaucluse, où elle passera les trente dernières années de sa vie. Rien de ce qu'elle demande au cours des ans ne lui est accordé; sa mère refusera toujours d'aller la voir et il ne sera jamais question de son rapprochement avec sa famille. Toujours consciente, elle écrit, vivant dans une solitude quasi totale : « C'est affreux d'être abandonnée de cette façon. » Cette interminable séquestration était-elle justifiée ? : « Je voudrais bien être au coin de la cheminée de Villeneuve, mais hélas ! je crois que je ne sortirai jamais de Montdevergues… ! »

Camille est enfermée à Montfavet (ci-dessous). Les lettres qu'elle écrit ne sont pas toujours expédiées et celles qu'on lui adresse pas toujours remises. Paul sera un des rares à lui rendre visite, treize fois, à l'asile.

“Je ne suis pas rassurée, je ne sais ce qui va m'arriver; je crois que je suis en train de mal finir, tout cela me semble louche, si tu étais à ma place tu verrais. C'était bien la peine de tant travailler et d'avoir du talent pour avoir une récompense comme ça. Jamais un sou, torturée de toute façon, toute ma vie. Privée de tout ce qui fait le bonheur de vivre et encore finir ainsi.”

Camille à Charles Thierry, un cousin de sa mère, 21 mars 1913

Édition Escoffier, Tabacs

MONTFAVET (Vaucluse) — Asile d'Aliénés de Montdevergues (Entrée Principale)

TÉMOIGNAGES ET DOCUMENTS

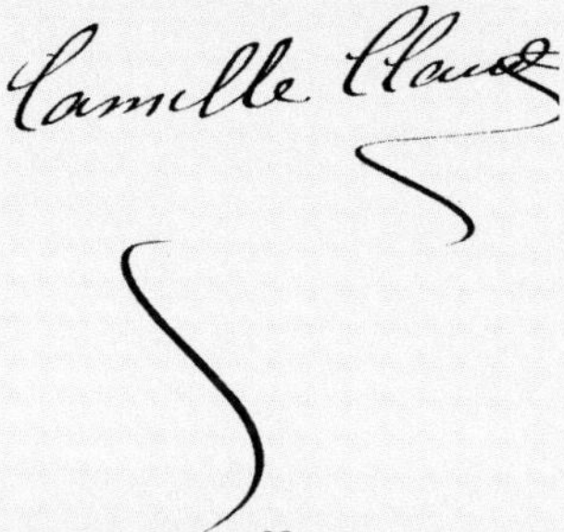

Camille vue par ses contemporains

Les descriptions physiques et psychologiques de Camille Claudel par les personnes qui l'ont rencontrée tout au long de sa vie, à diverses occasions professionnelles, familiales ou amicales, viennent compléter les portraits photographiques, sculptés et dessinés bien connus du public.

[Paul Claudel] avait une sœur insupportable qui lui écrivait sans cesse : Je suis fière de toi. On dit que je te ressemble.

Jules Renard, *Journal*, 25 janvier 1893

Mlle Claudel sourit, ses yeux se tournent vers moi : deux yeux magnifiques, d'un vert pâle, qui évoque les jeunes pousses des forêts. Ces yeux surprennent par leur clarté, ils ont un charme virgilien, puisqu'ils évoquent tout de suite la fraîcheur des bois. Mais au moment même où le regard vous attire, un geste instinctif de l'artiste semble arrêter l'élan de sa sympathie, et l'on reste avec cette impression bizarre d'une nature profondément personnelle, qui vous attire par sa grâce et vous repousse par sauvagerie. Tout le caractère de Mlle Claudel est dans ce retrait un peu farouche.

Gabrielle Logerot dite Gabrielle Reval, « Camille Claudel », *Femina*, 5 mai 1903

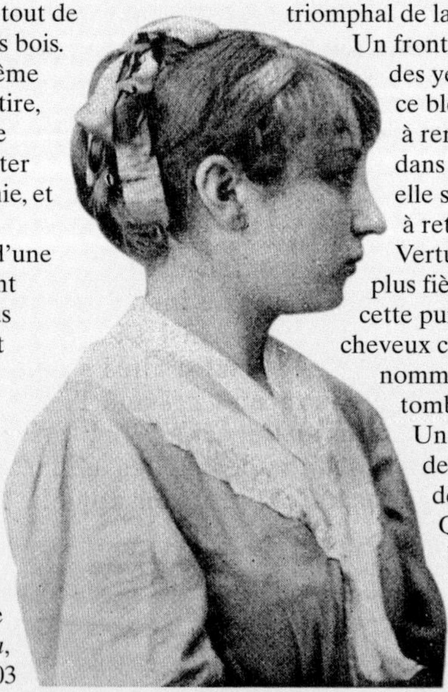

Or un petit défaut physique (léger déhanchement, légère claudication) ne faisait que rendre plus sensible l'effort en elle, l'effort par elle, de la nature progressant vers cette beauté dont le caractère était, une fois parfaite, d'avoir atteint au style sans passer par l'académie.

Claude Debussy, *Lettres à deux amis*, Librairie José Corti, 1942

Cette superbe jeune fille, dans l'éclat triomphal de la beauté et du génie [...]. Un front superbe, surplombant des yeux magnifiques, de ce bleu si foncé et si rare à rencontrer ailleurs que dans les romans, ce nez où elle se plaisait plus tard à retrouver l'héritage des Vertus, cette grande bouche plus fière encore que sensuelle, cette puissante touffe de cheveux châtains que les Anglais nomment auburn, qui lui tombait jusqu'aux reins. Un air impressionnant de courage, de franchise, de supériorité, de gaîté. Quelqu'un qui a reçu beaucoup.

Paul Claudel, «Ma sœur Camille», *Le Figaro littéraire*, 17 mars 1951

C'était le printemps, et, par les fenêtres, entraient les douces senteurs du renouveau, le bruissement des premières feuilles dans les hauts peupliers et le chant des oiseaux. Une femme, dont la chevelure disparaissait sous un foulard noué sous le menton, secouait à une fenêtre un chiffon à poussière, encore qu'il fût trois heures de l'après-midi. Aux voix de la nature répondait sa voix un peu rauque : elle chantait, joyeusement, un « frou-frou » de l'époque. C'était Camille Claudel.

Elle me fit entrer, non sans hésitation. Elle me dévisagea longuement, d'un air soupçonneux. Le nom d'Eugène Blot fut le Sésame qui triompha de son inquiétude et me permit de gagner sa confiance. Que quelqu'un voulût bien s'intéresser à elle l'étonnait [...]. Elle me parut nerveuse, agitée, d'une fébrilité extraordinaire, sans cesse en mouvement, avec une singulière brusquerie dans les gestes. Elle enleva son voile et dégagea une chevelure encore très noire, épaisse, mal retenue par les peignes et les épingles. Elle avait alors quarante ans. [...] Mais elle en paraissait cinquante. La vie l'avait marquée, flétrie sans merci. L'extrême négligence de son vêtement et de son maintien, l'absence totale de coquetterie, un teint mat, fané, des rides précoces, soulignaient une sorte de déchéance physique qu'on pouvait, à loisir, attribuer à la fatigue, au chagrin, à la déception, au désabusement, au détachement total des choses de ce monde. Et cependant, il n'y avait pas trace d'abattement dans cette femme active et charmante, d'une charpente massive et solide et d'une si étonnante spontanéité. Au reste, ses grands yeux bleu foncé, ombrés, auréolés de noir, n'avaient rien perdu de leur beauté, ni son regard d'un éclat troublant, presque gênant parfois. Car il était l'expression d'une franchise entière, absolue qui ne s'embarrassait jamais ni de formes, ni de nuances. [...] Et elle éclatait de rire, d'un rire sonore, presque violent : car elle opposait à l'adversité une bonne humeur qui était l'un des aspects de son tempérament ardent et toujours jeune.

Henry Asselin, *La Vie douloureuse de Camille Claudel sculpteur*,
deux émissions de la Radiodiffusion
Télévision française, 1956

Elle avait du génie. Sur son visage de presque morte, à soixante-neuf ans, – une face large et virile que je voyais, sans le savoir, pour la dernière fois – il y avait encore, dans le regard et autour, après tant d'années d'internement – trente ans ! – une image étrange, une atmosphère, plutôt, de supériorité imposante, de génie, oui !... C'était près d'Avignon, dans l'hôpital de Montfavet, où elle avait été placée en traitement. Elle ne m'a dit seulement quatre mots, quand on m'eut ouvert sa porte : « Tiens mon petit Paul ! » J'avais plus de soixante ans.

[...] Mais je voudrais bien avoir le temps d'écrire plus longuement sur cette terrible et géniale fille ! Elle avait une tête admirable, la perdit, comme vous savez, et à sa mort ne fut plus qu'un crâne extraordinaire. Or, elle avait beaucoup aimé les crânes. [...] Camille se promenait parfois, avant sa claustration volontaire qui précéda l'autre, avec un crâne de rhinocéros, en guise de sac à main ou de valise.

Paul Claudel à Paul Valéry,
cité dans *Claudel plus intime*,
par Henri Mondor,
Gallimard, 1960

Critiques et commentaires

Les meilleurs critiques de la fin du XIXe siècle, représentant différents courants de pensée, ont écrit sur l'art de Camille : Octave Mirbeau, Camille Mauclair, Gustave Geffroy, Armand Dayot, Louis Vauxcelles, Charles Morice, sans oublier quelques plumes féminines et féministes comme Mary-Léopold Lacour et Gabrielle Reval qui écrivaient dans le journal de Marguerite Durand, La Fronde.

« Je ne sais quel frémissement »

Tout a été dit sur la condition des sculpteurs. Un usage antique et solennel veut que chaque année avant de descendre au jardin qui leur est réservé, tout salonnier bien appris consacre un couplet ému à leur patient héroïsme, à leur vie faite de dur labeur. […] Mais, plus heureux assurément, le sculpteur, quand son programme lui permet d'employer sans arrière-pensée le nu et la draperie : c'est là son domaine propre, son grand moyen d'expression plastique, son inépuisable répertoire. Il y a tant de manières différentes d'interpréter la figure humaine ! Une jeune fille, Mlle C. Claudel, a su mettre dans un groupe d'exécution inégale mais d'inspiration puissante, *Sacountala*, un sentiment profond de tendresse chaste et passionnée, je ne sais quel frémissement et quelle ardeur contenue, quelle aspiration et quelle plainte étouffée.

André Michel, « Salon de 1888 »,
La Gazette des Beaux-Arts, sept. 1888

« Nous tournons comme tournent les mondes »

Le couple, emporté dans une giration furieuse, donne l'impression admirable du tourbillon et du vertige, alors que ces êtres beaux et nus, enlacés, sont enfermés dans la rigide et morne pierre. Alentour et partant d'eux est leur atmosphère, robe ou nuages, ou plis d'extase, ou mouvements de l'éther froissé, que signifient des volutes indéfinies, aériennes. Elles les enlacent, les prolongent, les arrachent au sol et donnent un sens à leur fougue, comme la queue de la comète témoigne de sa course, ou comme les cavaleries héroïques sont toujours manifestées par des môles de poussière. Un haut et large esprit a seul pu concevoir cette matérialisation de l'invisible. Et qu'est-ce que l'art en somme si ce n'est une prise perpétuelle, inassouvie de l'humanité sur le mystère, le mystère, réservoir inépuisable et sombre de toutes les beautés du possible. Et maintenant, les corps des valseurs vous parlent, puisqu'ils vous arrivent traduits par cette enveloppe mobile. Voici ce qu'ils m'ont semblé dire, de la voix pénétrante, inextinguible des chefs-d'œuvre : « Pris de dégoût pour la vie plate et la planète morose nous sommes partis pour les espaces dans une danse d'amour et d'espoir. Nous tournons comme tournent les mondes et les esprits à travers les mondes, et notre valse suit celle des atomes. Pauvres atomes que nous sommes, petite poussière dans la tempête ! Mais jusqu'à ce qu'un choc définitif nous sépare, joignons-nous dans l'ouragan même, virons, pivotons bien serrés, et que notre spire éperdue concorde à celle de l'Univers. »

Léon Daudet,
La Revue encyclopédique, 1893

« Une révolte de la nature »

Sais-tu bien que nous voilà en présence de quelque chose d'unique, une révolte de la nature : une femme de génie ?....

Du génie, oui, mon cher Kariste... Mais ne le dis pas si haut... Il y a des gens que cela gêne et qui ne pardonneraient pas à Mlle Claudel d'être qualifiée ainsi...

Kariste trépignait de joie absolue devant cet admirable groupe d'une absolue beauté et telle qu'on n'eût rien trouvé de plus pur, de plus fort à Pompéi et à Tanagra, au temps où les artistes divins y foisonnaient, dans l'émerveillement de la nature et le culte de la vie... D'une composition délicieusement imaginée, d'une interprétation de la nature vraiment miraculeuse, d'un métier savant, souple, ce groupe l'enchantait comme une découverte. Il ne se lassait pas de le regarder, d'en faire sortir toutes les beautés.

– Et on ne la connaît pas ! s'écriait-il... Et l'État n'est pas à genoux devant elle, pour lui demander de pareils chefs-d'œuvre ! Mais pourquoi ?

– Oui... pourquoi ? Est-ce qu'on sait ?... Pour ne pas déplaire aux amateurs peut-être !

– Mais c'est un devoir d'encourager une pareille artiste !... ce serait un crime que de ne pas s'intéresser à la vie de cette femme unique, capable à elle seule d'illustrer un musée, une place publique, n'importe quoi !

– Sans doute !... Mais va dire cela dans les bureaux !... On t'y recevra bien !... Ah ! Il y a des choses tristes et qui font pleurer. Voilà une jeune fille vraiment exceptionnelle... Il est clair qu'elle a du génie, comme un homme qui en aurait beaucoup... C'est de tradition dans la famille d'ailleurs, puisqu'elle est la sœur de cet attachant Paul Claudel, en qui nous avons mis l'espoir de grandes œuvres futures... Eh bien ! Cette jeune fille a travaillé avec une ténacité, une volonté, une passion dont tu ne peux pas te faire idée... Enfin elle est arrivée à ça !... Oui, mais il faut vivre ! Et elle ne vit pas de son art, tu le penses !... Alors le découragement la prend et la terrasse. Chez ces natures ardentes, dans ces âmes bouillonnantes le désespoir a des chutes aussi profondes que l'espoir leur donne d'élan vers les hauteurs... Elle songe à quitter cet art.

– Qu'est-ce que tu dis là ? rugit Kariste dont le visage se bouleversa... Mais c'est impossible !...

– As-tu donc du pain à lui donner, peux-tu lui payer ses modèles, ses mouleurs, sa fonte, son marbre ?

– Voyons, le ministre des Beaux-Arts est exceptionnellement, un artiste... Il n'est pas possible que cet art ne le touche, puisqu'il nous arrache les entrailles à nous ! On pourrait lui parler… Je sais qu'il est accessible et plein de bonne volonté… Mais de ne pas avoir tout fait pour donner à une si grande artiste la tranquillité d'esprit qu'il faut pour le travail, ce serait une responsabilité qu'il ne voudrait pas assumer… Voyons, mon ami, pense à cela… Est-ce possible ?

– Sans doute, mais le ministre n'est pas toujours le maître !… Et qui donc sait ce qui se passe dans les bureaux ?

– Un amateur alors… Il doit y avoir un amateur riche…

– Les amateurs, mais ils ne veulent que les œuvres consacrées et les artistes arrivés aux honneurs.

Et Kariste frappait le sol de sa canne et, à toutes mes objections, criait : – Mais elle a du génie !

Et ce mot de génie dans ce grand jardin où des êtres aux yeux vides passaient et repassaient sans seulement jeter un coup d'œil sur l'œuvre de Mlle Claudel, résonnait comme un cri de douleur.

Octave Mirbeau,
« Çà et Là »,
Le Journal,
12 mars 1895

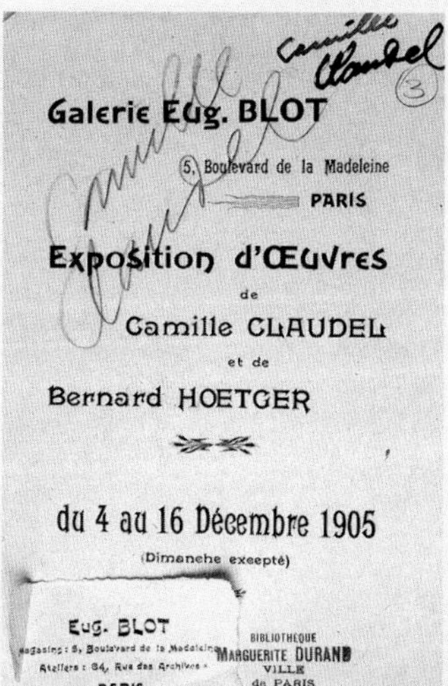

« Un poème persuasif »

Dans *La Valse*, le sculpteur évoque surtout le sentiment d'entraînement que suggère la danse. Debout, le corps incliné en avant, la jambe gauche un peu projetée en arrière, l'homme entoure de son bras droit la taille de la danseuse. Celle-ci, presque renversée, s'appuie en sécurité, bercée, semble-t-il, par la force qui la soutient et qui l'attire ; sa main droite est posée sur l'épaule du danseur ; sa main gauche – une main longue et fine dont les doigts sont mollement recourbés, et qui, parmi toutes les délicatesses de cette œuvre est une œuvre exquisément délicate – s'ouvre dans la main entrouverte du danseur ; son ample robe, rattachée aux hanches, et d'où le torse surgit nu, flotte déroulée comme un croissant ; les plis abondants enveloppent le dos et les jambes qu'ils laissent deviner […] Mademoiselle Claudel a su faire de cette idylle un poème persuasif et charmant où, qui sait ? Un peu de son cœur, un peu de son âme l'ont miraculeusement inspirée.

Mathias Morhardt,
« Mlle Camille Claudel »,
Mercure de France,
mars 1898

« C'est une affaire de conscience »

Quai de Béthune, dans ce coin pittoresque et seigneurial du vieux Paris, dans le décor paisible de la Seine, qui traîne avec elle l'odeur des pommes, emplissant les bateaux, Mlle Claudel travaille à son envoi du Salon.

J'entre, dans ce rez-de-chaussée, qu'un caprice d'artiste a changé en atelier. Je n'aperçois d'abord qu'une forme confuse penchée sur un marbre, et des cheveux châtains noués d'un ruban cerise.

– Vous me trouvez au travail : excusez la poussière de mon corsage, c'est moi-même qui sculpte le marbre ; j'ai horreur de confier une œuvre au « zèle » du praticien, dit la jeune artiste, en posant la lime.

– Ce travail est dur ! Si le modelage de la glaise est déjà fatigant pour une femme, que dire de ce travail, à même le marbre. Vous devez être la seule, mademoiselle, à oser tailler la matière ?

– Que voulez-vous, c'est une affaire de conscience ; je ne veux livrer qu'une œuvre dont je sois pleinement satisfaite.

– Ce groupe est votre envoi ? mademoiselle.

– Oui, répond l'artiste, qui fait tourner lentement la selle : c'est *Vertumne et Pomone*.

Le groupe de marbre blanc est merveilleux par sa grâce et sa puissance. Le torse de l'adolescent vit et palpite ; avec quelle adoration passionnée, le jeune homme soutient la femme défaillante. C'est d'une pureté de lignes incomparable.

Gabrielle Reval, « Les artistes femmes au Salon de 1903, Mlle Camille Claudel », *Femina*, 5 mai 1903

« Elle n'a jamais cessé de travailler »

Camille Claudel est une grande artiste. Nous sommes quelques-uns à le proclamer depuis longtemps et nous croirions volontiers que personne ne l'ignore ; nous nous tromperions ; nous restons quelques-uns. Rien de plus lamentablement injuste que la destinée de cette femme vraiment héroïque. Elle n'a jamais cessé de travailler et son labeur obstiné s'atteste par des œuvres dont quelques-unes sont parmi les plus belles que puisse citer la statuaire contemporaine ; elle reste pauvre et sa production est compromise par les conditions précaires de sa vie. Il faut pourtant qu'on le sache et je voudrais crier dans l'espérance que cette iniquité cesse enfin. Comment les amateurs, s'il en est, comme on m'assure, d'éclairés, ne se hâtent-ils pas d'enrichir leurs collections de ces pièces aujourd'hui facilement accessibles et qui, plus tard, dans ce douloureux plus tard de la gloire et du lendemain, atteindront certainement à des prix – stérilement vengeurs hélas ! La plupart de celles qui sont exposées dans la Galerie Blot ont déjà été vues, mais leur réunion confère, semble-t-il, à chacune d'elles une valeur plus haute et plus claire, nous aide à les mieux comprendre toutes ; elle nous fait aussi mesurer l'étendue vaste d'un esprit et d'une sensibilité où la tendresse, l'ironie, le lyrisme, la gaîté même, font alliance pour concentrer une humanité complète. Les *Bavardes* et les *Baigneuses*, les premières surtout, appartiennent en propre à Camille Claudel, personne avant elle n'avait fait cela, personne ne l'a refait après elle : dans des silhouettes aussi réduites matériellement et encore limitées par la recherche des seuls modelés essentiels, qui donc a mis tant d'expression, si intensément vivifié les attitudes et groupé les unités dans un si naturel mouvement de vie ? *La Valse*, *La Fortune*, *Persée*, *La Sirène*, oui ! Mais rien, entre tant de belles œuvres, ne vaut *L'Imploration* et *L'Abandon*. On a vu cette dernière œuvre au Salon d'Automne et j'ai eu l'occasion de dire mon admiration profonde pour elle. *L'Imploration* – cette figure de jeune fille, nue, agenouillée, qui tend les bras dans un geste si touchant, si poignant, est du même ordre, suprême.

Charles Morice, « Art moderne : expositions Camille Claudel et Bernard Hoetger », *Mercure de France*, 15 décembre 1905

« Sans rivale par la puissance de sa volonté »

Auteur de plusieurs recueils de poèmes publiés dès 1875, Henry de Braisne devient en 1892 un proche de Rodin. S'intéressant à l'actualité de son époque, il publie aussi de nombreux articles dans la presse, et il n'est pas étonnant que cet homme, « qui a toujours su rester lui-même », ait écrit, en 1897, un article si peu formel et si vivant sur Camille Claudel.

Maintenant que les artistes de tous styles, de toute école, après s'être suffisamment recueillis, durant les mois d'été, se préparent aux luttes prochaines, il convient, dans le silence propice des villégiatures annuelles, d'examiner si l'année qui s'achève nous apporte la révélation de quelque personnalité précieuse. En parfaite sincérité une seule émergea de l'ensemble des noyés dans les catalogues. Mais aussitôt, à propos d'elle, des discussions surgissent.

Alors que dans nos Associations de Gens de Lettres ou de journalistes, l'admission des femmes – je parle de celles qui ont du talent – rencontre toujours tant de farouches opposants, il parut étrange au public non informé que la Société d'artistes du Champ-de-Mars se montrât si courtoise pour l'une de ses adhérentes. Adhérente, Mlle Claudel l'était hier, aujourd'hui elle est sociétaire et même membre du jury, ce qui stupéfie les snobs ignorants de l'ordinaire fonctionnement de la Société.

[...] Une femme, une jeune fille plutôt. Les salons parisiens ne l'ont jamais vue, mais nous sommes quelques-uns à la connaître, et chacun de nous de ratifier des deux mains le jugement porté sur elle. Obsédante elle l'est, en effet, Mlle Claudel. Oh ! pas excentrique, ni dans sa tenue, ni dans son langage ; très jeune fille au contraire, mais extrêmement supérieure, point curieuse, point coquette, d'une simplicité qui confine à l'absolue modestie. Brune, de taille moyenne, mince, nerveuse, de beaux traits où la pensée laisse surtout son empreinte, des yeux tantôt rêveurs, tantôt d'une indomptable fierté, au coin des lèvres un pli d'amer désenchantement, Mlle Claudel est sans rivale par la puissance de sa volonté et son labeur, par son incroyable conscience, par sa foi si rare dans la vérité qui pour elle est le Beau.

Sa demeure n'est pas plus connue que sa personne. Et comment voulez-vous qu'elle le soit ? Perdue au milieu de la Glacière – oui, cette jeune fille que je surpris tel jour à méditer sur Plaute, tel autre jour à juger *Les Morticoles*, cette jeune fille habite derrière les grands arbres du boulevard d'Italie, au fond d'une humble cour que garde un concierge cordonnier – perdu loin de Paris, son atelier sévère n'offre aux regards aucune de ces amusettes luxueuses si nécessaires pour aguicher les commandes.

Étroit, encombré de selles, resserré entre une armoire pleine d'études choisies et une soupente d'où tombe un voile grisâtre, qui cache les esquisses plus poussées, il semble davantage un couloir qu'une salle de travail. Mais tout étroit qu'il est, vous y saluez, après l'effigie de Lhermitte, le plâtre de la *Parque* et du *Dieu envolé*, le bronze de *La Valse* – ô cette valse où s'enchevêtrent les difficultés vaincues – et de cette inimitable *Tête d'enfant*, que les plus orgueilleux critiques acclamèrent sans réserve, enfin le buste superbe, criant de vie latente, d'Auguste Rodin.

De suite, l'envie dresse le front, quand on vante ces œuvres. Elles sont distinguées, parbleu ! c'est évident, cela crève les yeux : mais c'est du Rodin ! Mlle Claudel ne fera jamais que du Rodin !… Pour flatteuse que soit la constatation à l'endroit du grand statuaire, dont l'influence croissante se fait partout sentir aux Expositions, elle est inexacte. Demandez à Rodin lui-même tant fier de son élève. Si vous parvenez à gagner la confiance de Mlle Claudel – ce n'est pas chose aisée : cette artiste, très en dedans, armée de réserve avec les importuns, n'est loquace qu'avec ses amis – elle vous apprendra que des sculpteurs renommés, Paul Dubois entre autres, observaient qu'elle était *elle-même* bien avant son entrée rue de l'Université, qu'à l'âge de douze ans, elle modelait déjà des glaises d'un audacieux dessin, que sa composition irritait les premiers maîtres qu'on lui donna.

Non, Mlle Claudel a bien sa note, son style, sa signature ; qu'elle se promène à Azay-le-Rideau en Touraine, ou qu'elle se cloître à Villeneuve-sur-Fère, son pays, elle saura toujours trouver un sujet original qu'elle traitera d'originale manière et en poète profond. La vérité est qu'elle possède une énorme science d'anatomie et d'expression, qu'en sculpture elle est affolée de mouvement, et que, comme Rodin, elle travaille sa terre par profils.

[…] Que dire de ce *Portrait de Mme D…* taillé en plein marbre, oui répétons-le, en plein marbre, si puissant, si gracieux, si fort, de ces *Causeuses*, sculptées à même l'onyx, si souples, si viriles, si vivantes, de ces *Femmes qui dansent sous la vague*, coulées dans un plâtre merveilleux de finesse et d'invention ? Il faut admirer et encore admirer.

Sans citer le formidable Moïse et l'Atlas angoissant qu'elle rêve à la campagne où ses modèles médusent les bons villageois, elle nous réserve bien d'autres surprises. Non, non quoique le bruit en ait couru certain soir, Mlle Claudel ne « lâchera pas la sculpture ». La question d'argent demeura secondaire en cette existence tout intellectuelle. Lorsqu'on est à ce degré taraudé par le démon de produire, on succombe fièrement attaché à sa passion, quelque douloureux qu'en soit le culte. On peut avoir des heures d'âpre découragement, des désespoirs fous, on reste ce qu'on est, une artiste hors de pair.

Et si peu cabotin, j'y reviens, si peu mondaine ! Ne raconte-t-on pas que le jour où elle fut présentée à Edmond de Goncourt, Mlle Claudel ne trouve rien de mieux à formuler que cet éloge au maréchal des Lettres françaises : « Je suis vraiment heureuse de vous serrer la main, Monsieur de Goncourt : j'ai lu de vous *Manette Salomon*, ce livre-là m'a beaucoup impressionnée. »

Par ce temps de flagorneries tarabiscotées, de flatteries outrancières, cette simple phrase n'est-elle pas exquise ?

Henry de Braisne,
« Camille Claudel », *Revue idéaliste*,
1er octobre 1897

« Le premier ouvrier de cette sculpture intérieure »

À son retour de Chine en 1905, Paul Claudel trouve Camille dans un état inquiétant et met son talent au service de l'art de sa sœur. Cet article sera publié une première fois en 1905 dans la revue Occident, *puis – enrichi de quarante-huit photographies d'œuvres –, dans le numéro de juillet-septembre 1913 de* L'Art décoratif, *cinq mois après l'internement de Camille.*

La statue, ce qui, dégagé du terme et de l'obélisque, se tint debout sur l'agora de la Grèce antique, ce furent des corps vrais de femme et d'hommes, exemplaires durables de l'être canonique. De la pierre même dont la cité est construite, on fit ces habitants immortels. Dieux, héros, vainqueurs aux jeux, ils mêlent, immobiles, à la foule passante l'image de cette personne parfaite qu'elle anime, déforme et multiplie. Nus, ils se maintiennent sur leurs pieds. Ils sont la belle pousse ronde de la libre créature dans son intégrité colonnaire. Ils possèdent leur harmonie complète en eux-mêmes ; de tous côtés visibles, ils tournent avec l'œil et la lumière qui se déplacent. Leur fût, au plein de toute l'heure de la journée, repère l'espace aérien et le monument du site. De quelque côté que la lumière les prenne, elle trouve en eux l'homme tout entier vivant.

Mais quand la parole chrétienne vint détruire avec le silence l'attente éparse des dieux par l'homme chargés de le garder à sa place, des rues et des carrefours le peuple fictif avec l'autre fut convoqué à l'assemblée sacramentelle ; ils entrent et s'incorporent à l'église. Le corps individuel ne se suffit plus à lui-même [...]. À son poste dans l'Évangile, comme le prêtre et l'ouaille, comme le cierge et la cloche, le saint ou le démon de pierre s'acquittent, suivant l'Heure, de l'Office.

Puis, après les longs siècles de discipline et de hiérarchie, où la statue aux murailles du moûtier ou de l'hôtel de ville, au pignon de la Maison des Orfèvres ou des Corroyeurs, signe insigne, enseigne ou enseignement, monte sa faction officielle, la Société, jusque-là réservée aux remparts du donjon et aux ruelles de la Commune, ouvre au jour ses fenêtres et ses portes. L'étroite meurtrière devient la haute croisée, et le besoin naît d'arranger le coin de terre vassale qui s'offre à l'œil, pour lui. L'art donc de trois siècles s'emploie au déploiement des façades et des jardins, ce qui regarde et ce qui est regardé. La statue du Moyen Âge était faite pour son rôle dans la pierre totale, celle-ci pour sa position dans le décor. Mais, comme aux âges précédents, elle parfait toujours, elle fixe l'attitude maîtresse. Parmi l'architecture des palais et des fontaines, elle triomphe paisiblement du spectacle autour d'elle ordonné avec magnificence ; et, du haut des mausolées encore, elle mesure les avenues de la vie. Des bois et des brouillards, les hôtes de la Fable et du

Passé se sont dégagés pour faire leur cour au seigneur du lieu ; il les retrouve sous ses yeux comme dans sa mémoire, il en est agréablement accompagné. Ils historient le site. Tel bocage devient en effet celui de Mercure ou d'Apollon. Et toujours le rempart de mur, l'écran des galeries et des quinconces, le jeu d'une draperie ne laisse voir au promeneur que le geste pour accueil que lui ménage l'espion aposté de ses pas.

Au XIXe siècle, la vie, avec ses cadres, perd sa fixité et ses plans ; tout repère devient impossible, et le besoin s'éteint d'en orner, d'en accommoder le champ à chaque instant renouvelé. Avec le seigneur du château, le dieu disparaît de ses jardins. La foule du milieu d'elle-même juche à la hâte comme de précaires tribunes de vagues idoles : la Justice, l'Électricité, Raspail. Partout de tristes hommes habillés souillent d'un jus vert le liais à bon marché de leur socle. Et quant aux femmes nues, d'autre part, la pénible équipe des sculpteurs continue à les équarrir pour la sépulture des cimetières et des musées. Nos jours voient le paroxysme et l'agonie de cet art.

Faut-il donc penser que, à force de fréquenter les sépulcres, la sculpture soit aujourd'hui un art si mort qu'il ait perdu jusqu'à sa raison d'être ? Non pas. La sculpture est le besoin de toucher. Avant même qu'il sache voir, l'enfant brandit ses petites mains grouillantes. La joie presque maternelle de posséder de la terre plastique entre ses mains, l'art de modeler, de posséder, désormais durables entre ses dix doigts, ces formes rondes, ces belles machines vivantes qu'il voit se mouvoir alentour, c'est de quoi le désir apparaît chez lui le premier, satisfait de la première arche et de la première poupée. Mais, désormais proscrite de la place publique et du plein air, la sculpture comme les autres arts, se retire dans cette chambre solitaire où le poète abrite ses rêves interdits.

Camille Claudel est le premier ouvrier de cette sculpture intérieure.

Toute chambre est comme un vaste secret où le jour qu'elle admet par son côté subit une occulte décantation. Le rayon même et le jeu du soleil n'y pénètrent qu'obliquement, peu d'heures, si encore le ciel voilé de notre climat le permet. Elle ne prend du jour qu'une lumière soutirée ; elle se remplit d'air clair entre ses parois tapissées, ainsi qu'un verre est plein d'eau. Toutes les heures, tous les accidents du ciel se décèlent par une atteinte exquise à la substance de cette atmosphère intérieure et habitée. Alvéole modelée comme par l'emploi de notre propre corps. Les mille objets qui la garnissent, meubles, suspensions, miroirs, s'approprient la clarté ambiante et, du jeu de leurs ombres et de leurs reflets, sensibles aux détentes les plus fines de l'heure enfermée qui chante, en décomposent le concert. Chacun d'eux n'ayant de valeur que par l'usage que nous en faisons devient de nous mêmes une expression persistante : de là le caractère pathétique que prennent dans cette pièce où la personne chère n'est plus, cette lueur de la glace, ce chapeau sur le piano ouvert, ce bouquet de fleurs et de feuilles dans le mystère du soir orange.

Des critiques irréfléchis ont souvent comparé l'art de Camille Claudel à celui d'un autre dont je tais le nom. En fait, on ne saurait imaginer opposition plus complète et plus flagrante. L'art de ce sculpteur est le plus lourd et le plus matériel qui soit. Certaines mêmes de ses figures ne peuvent réussir à se dégager du pain de glaise où elles sont empêtrées. Quand elles ne rampent pas, accolant la boue avec une espèce de fureur érotique, on dirait que chacune étreignant un autre corps essaie de refaire le bloc primitif. De toutes parts, impénétrable et compact, le groupe renvoie la lumière comme une borne. En somme, ouvrage de manant, servi par un esprit retors et desservi par une imagination naturellement morne et pauvre.

L'art de Camille Claudel, dès le principe, éclate par les caractères qui lui sont propres. On voit se donner magnifiquement carrière l'imagination la plus forte et la plus naïve, celle qui est proprement le don d'inventer. Son génie est celui des choses qu'elle est chargée de représenter. L'objet sculptural, pour elle, est ce qui est devenu susceptible d'être détaché, cela qui peut être cueilli, actuellement possédé entre des mains intelligentes. Toutes les choses dont l'ensemble sans discontinuité constitue le spectacle offert à nos regards sont animées de mouvements divers dont la composition à certains moments solennels de la durée, en une sorte d'éjaculation lyrique, invente une façon de figure commune, un être précaire et multiple. C'est cet être nouveau et composé, cette clef d'un assemblage de mouvements que nous appelons le *motif*. Ainsi, comme un soupir s'achève en un cri, la joie en juin du pré, n'importe comment, éclate en une fleur enthousiaste ! Un arbre qu'on abat, l'insurgé sur sa barricade, un cheval emporté qu'on maîtrise, l'assassin qui lève une bêche sur sa femme, autant de nœuds et de réductions, autant de clefs, soudain intelligibles, d'une multitude de mouvements et de comparaisons, derrière et alentour, dans le monde et dans notre esprit. Ce sont ces trouvailles qui jaillissent, ainsi que du fond même de la nature, d'un cœur de poète : on les voit surgir de franc jet dans l'œuvre de Camille Claudel avec une espèce d'allégresse ingénue, formant, dans tous les sens de ses adjectifs, l'art du monde le plus «animé» et le plus «spirituel».

Tandis qu'une figure de celui-là que j'ai dit demeure compacte et morte sous le rayon qui la colore, un groupe de Camille Claudel est toujours creux et rempli du souffle qui l'a «inspiré». L'une repousse la lumière ; l'autre, dans le milieu de la pièce clair obscur, l'accueille comme un beau bouquet. Tantôt avec la fantaisie la plus amusante, la figure ajourée la découpe et la divise comme un vitrail. Tantôt, concave, par le concert profond des jours et des ombres encloses, elle acquiert une espèce de résonance et de chant. Je ne rappellerai pas maints morceaux célèbres : *La Fortune* et le marbre de ce Salon de 1905, si joyeux, comme la peau même, place aux acteurs, par l'obligation partout de l'oblique génératrice qui, arrachant l'homme aux mains de la jeunesse, l'entraîne vers son destin, collé au maigre ventre de la vieillesse ricanante et lubrique. La draperie, chez Camille Claudel, remplit un peu le rôle de la mélopée wagnérienne qui, reprenant, enveloppant développant, le thème, lui donne l'unité dans le total éclat.

De même qu'un homme assis dans la campagne se sert, pour accompagner sa méditation, de tel arbre ou de tel rocher à qui son œil s'attache, une œuvre de Camille Claudel dans le milieu de l'appartement est, par sa seule forme,

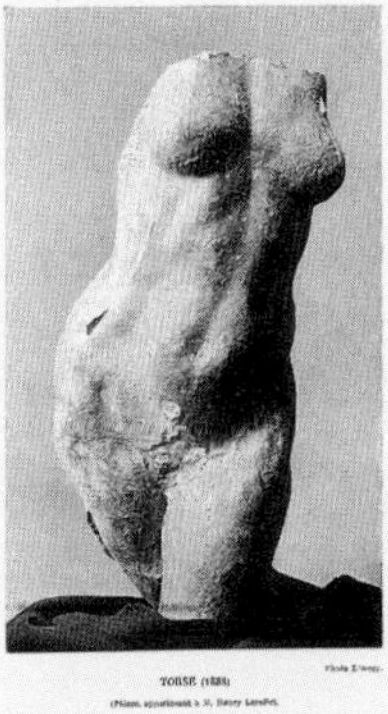

qu'il égaye les mains avec l'œil que l'on appelle *L'Abandon* ; la *Clotho*, comme une horrible quenouille, comme une graine dans le duvet cachée dans la laine de ses cheveux fatidiques ; cette *Valse* ivre, toute roulée et perdue dans l'étoffe de la musique, dans la tempête et le tourbillon de la danse ; les *Causeuses*, les *Baigneuses*, qui se font bien petites sous l'énorme vague croulante, *L'Âge mûr* enfin, où le mouvement est donné par les vêtements, par le sol même, par une sorte de directrice fatale qui impose leur de même que ces roches curieuses que collectionnent les Chinois, une espèce de monument de la pensée intérieure, la touffe d'un thème proposé à tous les rêves. Tandis qu'un livre, par exemple, nous sommes obligés d'aller le quérir aux rayons de notre armoire, une musique, de la jouer, la pièce ouvragée de métal ou de pierre dégage d'elle-même son incantation et la demeure en est pénétrée.

Paul Claudel, « Camille Claudel statuaire », *L'Art décoratif*, juillet 1913

Lettres de Camille à son « infortuné éditeur »

De la correspondance échangée entre Camille et Eugène Blot, que l'on imagine volumineuse, il ne reste que quinze lettres, datées entre 1904 et 1906, de l'artiste à son marchand d'art. Elles traduisent la simplicité de leur rapport et la manière franche et directe de Camille. Il faut ajouter à cet ensemble une lettre très émouvante de Blot à Camille alors qu'elle est enfermée depuis près de vingt ans, plus un semblant de réponse de Camille, daté de 1935. L'ensemble, modeste, est riche en informations pour retracer la vie de Camille avant qu'elle ne cesse de créer en 1906.

« Tâchez de m'amener un client »

Ne vous affligez pas de la quantité d'autographes curieux qui vous tombent non pas du ciel, mais des obscures retraites de l'Île Saint-Louis.

J'ai trouvé une autre idée : si vous faisiez commander par l'État ma grande statue de Persée en bronze, je demanderais seulement 1 500 francs pour moi et pour vous la commande du bronze. C'était le premier souhait de Geffroy de voir cette statue en bronze, mais depuis, il a été travaillé par Rodin qui fait une guerre acharnée à cette statue. Si vous pouviez faire cela pour le Salon, ce serait admirable.

Camille Claudel
à Eugène Blot, s. d. [1904 ?]

Je m'aperçois avec horreur que vous restez sourd à mes objurgations : n'oubliez pas que je me pâme en attendant l'arrivée de ma réduction. Donnez-moi donc de vos nouvelles !

Puis j'ai une petite faunesse qui joue de la flûte qui vous intéresserait peut-être. Vraiment, si vous ne pouvez m'acheter quelque chose, tâchez de m'amener un client, j'ai grand besoin d'argent pour payer mon loyer d'octobre, sans cela je vais encore être réveillée un de ces matins par l'aimable Adonis Pruneaux, mon huissier ordinaire qui viendra me saisir avec sa délicatesse ordinaire. Inutile de vous dire qu'il ne pourra saisir que l'artiste elle-même, opération qui, pour moi, n'aurait rien de séduisant, malgré les gants blancs et le chapeau haut-de-forme que cet aimable fonctionnaire ne manque d'arborer pour cette circonstance difficile. Excusez ces plaisanteries de corbillard et recevez mes sincères amitiés.

Camille Claudel
à Eugène Blot, s. d. [automne 1904 ?]

Je vous envoie un nouveau morceau de littérature pour rien et gratis à la condition que vous paierez 30 ct pour le recevoir.

Envoyez-moi cent francs sur nos opérations futures, sans cela je vais disparaître dans un cataclysme. Stanislas Margotin me réclame une note qui menace de m'engloutir tout entière ; la marchande de beurre hurle qu'elle m'a déposé plusieurs œufs qui ne sont pas payés ; Adonis recommence à me saisir (on ne dira pas cette fois que c'est Vénus qui court après lui).

Exécutez-vous, c'est ce que vous avez de mieux à faire en cette grave circonstance. (si vous aviez voulu me protéger, je ne serais pas dans cet état-là, ma foi non, ma foi non !...)

En supposant que vous ayez la délicate attention de souscrire à mes vœux, allez-y avec modération. Envoyez-moi un agent prudent et discret qui passe sournoisement devant la loge de la concierge sans s'y arrêter (c'est un poisson qui happe tout ce qui passe à sa portée). Surtout prenez toutes les précautions nécessaires.

Votre dévouée fournisseuse de sculpture.

P.S. Si vous n'êtes pas en fonds, dites à M. Peytel de faire face à la situation. Mon groupe en marbre devient merveilleux, on dirait de la nacre.

Camille Claudel
à Eugène Blot, s. d. [avril 1905 ?]

« Cet art malheureux est plutôt fait pour les grandes barbes »

La Sirène est prête, vous pouvez l'envoyer chercher. Que cela est long et que c'est long d'attendre ! Il y a une chose qui ressort clairement de tout cela : c'est que les billets de mille francs sont excessivement rares sur la place de Paris et qu'ils passent souvent près du Quai Bourbon sans s'y arrêter.

En fait d'anecdotes, je vous raconterai que l'aimable Adonis a de nouveau exercé contre moi des poursuites inconsidérées : nous sommes allés en référés avec des faces patibulaires auxquelles je n'étais pas habituée, depuis la dernière fois où je suis allée aux prud'hommes pour la modique somme de 18 sous que je ne voulais pas payer à un honnête ouvrier. Conclusion : considérée comme capitaliste exploiteur du pauvre monde, j'ai été condamnée à payer 200 francs au pauv' malheureux que j'avais odieusement torturé. À la suite de quoi je les ai empruntés à un de mes amis qui a trouvé la plaisanterie excessivement

louche et m'a conseillé à l'avenir d'avoir recours à des moyens plus conciliants.

Depuis ce moment, chaque fois qu'il me voit arriver avec mes plâtres, il me tourne le dos sans façon. Il est en effet avéré pour moi que je suis la plaie, le choléra des hommes bienveillants et généreux qui s'occupent de la question d'art et que, lorsqu'on me voit arriver avec mes plâtres, je ferai fuir l'Empereur du Sahara lui-même.

À vrai dire, j'aimerais mieux avoir un métier plus séduisant et qui attire le monde au lieu de le faire sauver.

S'il était encore temps de changer de corporation je préférerais cela. J'aurais mieux fait de m'acheter de belles robes et de beaux chapeaux qui fassent ressortir mes qualités naturelles que de me livrer à ma passion pour les édifices douteux et les groupes plus ou moins rébarbatifs.

Cet art malheureux est plutôt fait pour les grandes barbes et les vilaines poires que pour une femme relativement bien partagée par la nature. Pardonnez ces amères et tardives réflexions : cela n'adoucira pas les vilains monstres qui m'ont lancée dans cette voie dangereuse. [...] Excusez cette littérature exubérante, j'ai besoin de déverser ma rage sur le premier qui se trouve à ma portée : c'est tant pis pour vous. Vous pourrez, si le cœur vous en dit, faire faire une de vos Sirènes avec un rocher, en onyx vert (rappelant la mer) ; la flûte en métal brillant. Sincères amitiés. [...]

Camille Claudel
à Eugène Blot, s. d. [avril ? 1905]

Vous vous faites illusion si vous vous figurez que vous n'entendrez plus parler de moi : ce n'est pas une raison parce que vous m'avez acheté ma Sirène pour que je vous laisse complètement tranquille : il s'agit de vous montrer sublime !

J'ai besoin de 59,95 F pour samedi matin sans faute, sinon la personne qui passe sa vie à fabriquer des objets aussi curieux qu'inutiles, sera forcée d'user de procédés détestables. Respectez votre administrée et veillez à ce qu'elle représente toujours dignement la maison Blot.

Une petite cheminée de plus ou de moins ne vous engagera à rien (jamais deux sans trois) vous aurez ma petite frileuse couchée en travers du feu pour la modique somme de cent francs et je vous la finirai à mon goût, ce sera la plus belle pour une veilleuse. Surtout ne vous faites pas prier !

Le méchant groupe dure toujours, mais cette fois j'en aperçois la fin ; il sera sûrement terminé pour le milieu de la semaine prochaine. Je vous envoie mes excuses et mes sincères amitiés.

Camille Claudel
à Eugène Blot, s. d. [avril ? 1905]

Il serait vraiment trop curieux que vous soyez bien tranquille pendant que tout le monde s'agite.

Comment pouvez-vous dormir sur vos deux oreilles pendant que des quantités de femmes sculpteurs s'écrient : à l'aide au secours je me noie ! Comment vos rêves ne sont-ils pas continuellement troublés par les hululements de tous ces chacals !

Trouverais-je encore une note assez soprano, assez suraiguë pour percer votre tympan endurci par une longue habitude de cette sombre musique ? Oh ! ciel ! Une proie, une victime, un buste, quelque chose à dévorer, pour ces hyènes assoiffées de carnage.

Les affaires sont les affaires, me répondrez-vous froidement à titre d'échappatoire. J'entends d'ici les excuses multiples que vous ne manquerez pas de trouver pour toute réponse à ces cris désespérés !

Cependant, il faudrait bien que vous vous exécutiez de temps en temps à moins que vous ne préfériez vous faire dévorer vous-même ?

Si vous pouviez détourner à mon profit un petit billet de 1 000 F au détriment d'un honnête homme de client, il n'est pas besoin de vous dire qu'il ne calmerait encore que la moitié de mon appétit ! Mais encore il n'y a pas de danger que vous arriviez à me délivrer de cette marchandise-là.

Si vous aviez un joli exemplaire de la Sirène je la mettrais au salon avec mon groupe en marbre (il n'est pas encore porté). Dans ce cas, vous la feriez porter directement au salon.

Recevez mes sincères amitiés

Claudel toujours la même.

Camille Claudel
à Eugène Blot, s. d. [avril 1905]

« Tremblez à la vue de cette écriture néfaste »

Infortuné éditeur en objets d'arts, tremblez à la vue de cette écriture néfaste qui vous rappelle tant d'affreux souvenirs : vous vous figurez peut-être que celle qui vous écrit est morte : non, il n'est rien (malgré les probabilités) et qui pis est, son envie d'avoir de l'argent n'est pas morte non plus.

La vue de la Sirène exposée à votre étalage réveille son appétit féroce, pour une figure si bien patinée et si réussie, si flatteuse pour votre amour-propre artistique : vous devriez au moins sentir se réveiller chez vous vos instincts bienveillants envers vos administrés : ils ne sont qu'endormis, vous pouvez en être sûr, c'est moi qui vous l'affirme.

N'oubliez pas que, découragée par mes insuccès vis-à-vis de l'argent, je m'en vais toute seule circuler à travers le globe, chercher plus loin une position plus productive, en Espagne chez un de mes cousins banquier à Madrid qui m'offre asile contre les vicissitudes de la vie artistique (ceci n'est pas pour vous faire mes adieux, au contraire). Salutations.

Camille Claudel
à Eugène Blot, s. d. [décembre 1905]

« Il n'aura jamais aimé que vous »

[…] Un jour que Rodin me rendait visite, je l'ai vu soudain s'immobiliser devant ce portrait, le contempler, caresser doucement le métal et pleurer. Oui, pleurer. Comme un enfant. Voilà quinze ans qu'il est mort. En réalité, il n'aura jamais aimé que vous, Camille, je puis le dire aujourd'hui. Tout le reste – ces aventures pitoyables, cette ridicule vie mondaine, lui qui, dans le fond, restait un homme du peuple –, c'était l'exutoire d'une nature excessive. Oh ! je sais bien, Camille, qu'il vous a abandonnée, je ne cherche pas à le justifier, vous avez trop souffert par lui. Mais je ne retire rien de ce que je viens d'écrire. Le temps remettra tout en place. Que puis-je maintenant pour vous, chère Camille Claudel ? Écrivez-moi, prenez la main que je vous tends. Je n'ai jamais cessé d'être votre ami.

Avec mon affection et mon respect,

Votre, Eugène Blot.

Eugène Blot à Camille Claudel,
3 septembre 1932

[…] Un roman […] même une épopée, *L'Iliade* et *l'Odyssée*. Il faudrait bien Homère pour la raconter, je ne l'entreprendrai pas aujourd'hui, et je ne veux pas vous attrister. Je suis tombée dans le gouffre. Je vis dans un monde si curieux, si étrange. Du rêve que fut ma vie, ceci est le cauchemar. […]

Camille Claudel
à Eugène Blot, 24 mai 1935

« Du rêve que fut ma vie, ceci est le cauchemar »

À compter de mars 1913, le seul lien de Camille Claudel avec l'extérieur est la correspondance qu'elle tente d'entretenir avec ses proches. La plupart de ces lettres ne sont jamais parvenues à leur destinataire, faute d'avoir été envoyées par l'asile, ou remises à Camille. Mais celles qui ont été conservées ne sont qu'un cri de souffrance. Si tout au long des trente années de son enfermement Camille sera toujours en proie à ses obsessions – le nom de Rodin suffisant à provoquer des délires paranoïaques – elle restera toujours consciente de la notion du temps, de l'injustice qui lui a été faite, et de son immense solitude… si rares furent les visites des membres de sa famille.

Camille est folle…

La pauvre fille est malade, et je doute qu'elle puisse vivre longtemps. […] Avec tout son génie, la vie a été pleine pour elle de tant de déboires et de dégoûts que le prolongement n'en est pas à désirer […].

Paul Claudel à Gabriel Frizeau, 15 novembre 1905

Quant à ma pauvre sœur, je serai obligé d'aller à Paris pour la mettre en maison de santé. Dans le fond, je suis persuadé que comme la plupart des cas dits de folie le sien est une véritable possession. Il est bien curieux en tout cas que les 2 formes presque uniques de la folie soient l'orgueil et la terreur, délires des grandeurs et délires des persécutions (je ne parle pas de l'érotisme fréquent). Elle a été une grande artiste et son orgueil, son mépris du prochain, étaient sans limites. Cela s'est encore exagéré avec l'âge et le malheur. Quand je suis revenu, il y a 4 ans, elle délirait tout à fait, et ce qui me frappa le plus c'est que sa voix avait complètement changé. Actuellement, elle ne sort pas et vit, portes et fenêtres verrouillées, dans un appartement d'une saleté affreuse. Vous voyez quelle douleur pour mes parents. J'ai tout à fait le tempérament de ma sœur, quoique un peu plus mou et rêvasseur, et sans la grâce de Dieu mon histoire aurait sans doute été la sienne ou pire encore.

Paul Claudel à Daniel Fontaine, 26 février 1913

… « elle se figure être persécutée »

Je soussigné [Dr Michaux] certifie que Mademoiselle Camille Claudel est atteinte de troubles intellectuels très sérieux ; qu'elle porte des habits misérables ; qu'elle est absolument sale, ne se lavant certainement jamais ; qu'elle a vendu tous ses meubles, sauf un fauteuil et un lit ; […] qu'elle passe sa vie complètement renfermée dans son logement et privée d'air, les volets étant hermétiquement clos, les fenêtres fermées ; que depuis plusieurs mois elle ne sort plus dans la journée, mais qu'elle fait de rares sorties au milieu de la nuit […] que j'ai déjà constaté chez elle à plusieurs reprises depuis 7 ou 8 ans qu'elle se figure être persécutée.

Docteur Michaux, certificat de placement de Camille, 7 mars 1913

« On me tient et on ne veut pas me lâcher »

Le 10 mars 1913, Camille est internée après avoir posté cette lettre à Charles Thierry, un cousin de sa mère.

Tu m'apprends la mort de Papa ; voilà la première nouvelle, on ne m'en a rien dit. […] Le pauvre Papa ne m'a jamais vue telle que je suis ; on lui a toujours fait croire que j'étais une créature odieuse, ingrate et méchante ; […] et bien que je me rapetisse le plus possible, dans mon petit coin, je suis encore de trop. On a déjà essayé de me faire enfermer dans une maison de fous […] je ne me risquerai pas à écrire, je serais rembarrée comme d'habitude.

Toujours le 10 mars 1913, les médecins de la maison de santé de Ville-Évrard diagnostiquent une démence paranoïde (aussi appelée schizophrénie).

Mon cher Charles,
Ma lettre de l'autre jour paraissait être un pressentiment, car à peine était-elle mise à la poste, qu'une automobile venait me prendre chez moi pour me conduire dans une maison d'aliénés. Je suis, ou du moins je me crois dans l'asile de Ville-Évrard. Si tu peux venir me voir, tu peux te donner le temps, car je ne suis pas pour en sortir ; on me tient et on ne veut pas me lâcher.

[à Charles Thierry], 14 mars 1913

Ma bonne mère,
J'ai bien reçu les objets que vous m'avez envoyés. Voilà bien de l'argent dépensé. Avec le 1/4 de cet argent-là, j'aurais vécu tranquillement longtemps dans mon quai Bourbon où j'étais si bien. Ça va-t-il durer longtemps cette plaisanterie là ? Y en a-t-il encore pour longtemps ? Je voudrais bien le savoir ?

Vous ne pourriez pas me donner quelques renseignements à ce sujet ? Je n'en serais pas fâchée ?

Je ne me doutais pas de ce qui m'attendait encore cette année, c'est une drôle de surprise ! Après avoir déjà tant souffert !

Drôle de fête de Pâques que vous me faites passer là.

Veuillez s.v.p. me faire savoir une réponse si vous le pouvez toutefois.

à Mme Claudel, s. d. [mars 1913]

Monsieur le docteur ;
Il y a longtemps que je vous ai demandé de faire venir une personne de ma famille. Il y a plus de 7 mois que je suis ensevelie dans le plus affreux désespoir. Pendant ce temps on m'a pris mon atelier et toutes mes affaires.

J'ai absolument besoin de voir une personne amie. J'espère que vous ne me refuserez pas.

au Dr Truelle, s. d. [14 octobre 1913]

Mon cher Paul,
J'ai écrit plusieurs fois à Maman, à Paris, à Villeneuve sans pouvoir obtenir un mot de réponse.

Toi-même, tu es venu me voir à la fin de mai et je t'avais fait promettre de t'occuper de moi et de ne pas me laisser dans un pareil abandon.

Comment se fait-il que depuis ce moment tu ne m'aies pas écrit une seule fois et que tu ne sois pas revenu me voir. Crois-tu que ce soit amusant pour moi de passer ainsi des mois, des années sans aucune nouvelle, sans aucun espoir !

D'où vient une pareille férocité ? Comment s'y prend-on pour vous détourner de cette façon ? Je voudrais bien le savoir.

J'ai écrit à Maman pour lui demander de me faire transférer à Sainte-Anne à Paris, ce qui m'offrirait l'avantage d'être plus près de vous et de pouvoir m'expliquer clairement avec vous sur les différents points qui restent à éclairer.

[...] J'aimerais mieux même n'avoir qu'une place de bonne que continuer à vivre ainsi. As-tu fait attention à mes affaires que tu m'as dit avoir remisées à Villeneuve ? As-tu fait attention qu'elles ne tombent pas entre les mains du gredin qui n'a fait ce joli coup que pour pouvoir s'en emparer ? Il en a une peur de me voir revenir avant qu'il ait eu le temps de mettre la main dessus.

à Paul Claudel, s. d. [après mai 1915]

Depuis le jour où j'ai été enlevée de chez moi par la fenêtre, j'ai bien essayé souvent de communiquer avec vous ! Pas moyen, je suis surveillée la nuit comme le jour comme une criminelle. Je sais pas si cette lettre vous parviendra !

à Henriette Thierry, s. d. [1915 ?]

« Dieu que je voudrais être à Villeneuve ! »

Tu es bien dure de me refuser un asile à Villeneuve. Je ne ferais pas de scandale comme tu le crois. Je serais trop heureuse de reprendre la vie ordinaire pour faire quoi que ce soit. Je n'oserais plus bouger tellement j'ai souffert. Tu dis qu'il faudrait quelqu'un pour me servir ? Comment cela ? Je n'ai jamais eu de bonne de ma vie : c'est vous qui en avez toujours besoin ?

[...] Les maisons de fous, ce sont des maisons exprès pour faire souffrir, on n'y peut rien, surtout quand on ne voit jamais personne.

[...] Quant à moi, je suis tellement désolée de continuer à vivre ici que je ne suis plus une créature humaine. Je ne puis plus supporter les cris de toutes ces créatures, cela me tourne sur le cœur. Dieu que je voudrais être à Villeneuve ! Je n'ai pas fait tout ce que j'ai fait pour finir ma vie gros numéro d'une maison de santé j'ai mérité autre chose que cela, n'en déplaise à Berthelot.

à Mme Claudel, 12 février 1927

[...] Même si on le veut, il est bien difficile de créer un état de choses supportables. Il y a des règlements établis, il y a une manière de vivre adoptée, pour aller contre les usages, c'est extrêmement difficile ! Il s'agit de tenir en respect toutes sortes de créatures énervées, violentes, criardes, menaçantes, il faut pour cela un ordre très sévère, même dur à l'occasion autrement on n'en viendrait pas à bout. Tout cela crie, chante, gueule à tue-tête du matin au soir et du soir au matin. Ce sont des créatures que leurs parents ne peuvent pas supporter tellement elles sont désagréables et nuisibles. Et comment se fait-il que moi, je sois forcée de les supporter ? Sans compter les ennuis qui résultent d'une telle promiscuité. Ça rit, ça pleurniche, ça raconte des histoires à n'en plus finir avec des détails qui se perdent les uns dans les autres ! que c'est ennuyeux d'être au milieu de tout cela, je donnerai 100 000 F si je les avais pour en sortir de suite. Ce n'est pas ma place au milieu de tout cela, il faut me retirer de ce milieu :

après 14 ans aujourd'hui d'une vie pareille je réclame la liberté à grands cris. Mon rêve serait de regagner tout de suite Villeneuve et de ne plus en bouger, j'aimerais mieux une grange à Villeneuve qu'une place de 1re pensionnaire ici.

[...] Si tu n'as pas l'intention de venir me voir, tu devrais décider maman à faire le voyage, je serais bien heureuse de la voir encore une fois. En prenant le rapide, ce n'est pas si fatigant qu'on le dit, elle pourrait bien faire cela pour moi malgré son grand âge. Là dessus je te quitte en t'embrassant ainsi que ta fille Gigette qui je crois est encore avec toi.

à Paul Claudel, 3 mars 1927

« Pour être malheureuse, je le suis ! »

Aujourd'hui 3 mars, c'est l'anniversaire de mon enlèvement à Ville-Évrard : cela fait 17 ans que Rodin et les marchands d'objets d'art m'ont envoyée faire pénitence dans les asiles d'aliénés.

[...] Tout cela au fond sort du cerveau diabolique de Rodin. Il n'avait qu'une idée c'est que lui, étant mort, je prenne mon essor comme artiste et que je devienne plus que lui : il fallait qu'il arrive à me tenir dans ses griffes après sa mort comme pendant sa vie. Il fallait que je sois malheureuse lui mort comme vivant. Il a réussi en tous points car pour être malheureuse, je le suis ! [...] On fait semblant de temps en temps d'adoucir mon sort, mais cela ne dure pas, c'est de la frime ! [...] Je m'ennuie bien de cet esclavage. Je voudrais bien être chez moi et bien fermer ma porte. Je ne sais pas si je pourrais réaliser ce rêve, être chez moi.

à Paul Claudel, 3 mars 1930

Je dois me cacher pour t'écrire et je ne sais pas comment je ferai poster ma lettre. [...] Car dis-toi bien, Paul, que ta sœur est en prison. En prison, et avec

Camille Claudel à Montdevergues en 1929.

des folles qui hurlent toute la journée, font des grimaces, sont incapables d'articuler trois mots sensés. Voilà le traitement que, depuis près de vingt ans, on inflige à une innocente ; tant que Maman a vécu, je n'ai cessé de l'implorer de me sortir de là, de me mettre n'importe où, à l'hôpital, dans un couvent, mais pas chez les fous. Chaque fois, je me heurtais à un mur. À Villeneuve paraît-il c'était impossible. Pourquoi ?

à Paul Claudel, s. d. [1932-1933 ?]

En réalité on voudrait me forcer à faire de la sculpture ici, voyant qu'on n'y arrive pas on m'impose toutes sortes d'ennuis. Cela ne me décidera pas, au contraire.

À ce moment des fêtes, je pense toujours à notre chère maman. Je ne l'ai jamais revue depuis le jour où vous avez pris la funeste résolution de m'envoyer dans les asiles d'aliénés ! Je pense à ce beau portrait que j'avais fait d'elle dans l'ombre de notre beau jardin. Les grands yeux où se lisait une douleur secrète, l'esprit de résignation qui régnait sur toute sa figure, ses mains croisées sur ses genoux dans l'abnégation complète : tout indiquait la modestie, le sentiment du devoir poussé à l'excès, c'était bien là notre pauvre mère. Je n'ai jamais revu le portrait (pas plus qu'elle !).

à Paul Claudel, s. d. [nov.-déc. 1938]

« Elle aura sa place »... à l'hôtel Biron

En 1914, le journaliste Mathias Morhardt – qui a si souvent joué les intermédiaires entre Camille et Rodin – plaide une nouvelle fois la cause de l'artiste auprès du sculpteur pour qu'il ne l'oublie pas et l'associe à son grand projet d'un musée dans l'hôtel Biron. Malgré l'approbation de Rodin, il faudra attendre 1952 pour que l'idée devienne une réalité, puis le début des années 1980 pour que le nom de Camille Claudel soit connu du grand public.

« Nous y grouperions tout ce qu'elle a laissé »

Ce que je voudrais, c'est que vous consentiez à réserver une salle de l'Hôtel Biron à l'œuvre de Camille Claudel. Nous y grouperions tout ce qu'elle a laissé. Il va sans dire que pour mon compte, je donnerais volontiers ce que j'ai conservé d'elle. Je suis sûr que nos amis Fenaille, Peytel, etc. en feront autant. Et ce sera un beau musée digne de voisiner avec le vôtre. N'est-ce pas votre avis ?

Mathias Morhardt
à Auguste Rodin, 5 juin 1914

Je suis heureux que vous vous soyez occupé de Mlle Say et discrètement surtout, et que nous unissions nos efforts pour elle avec Monsieur Berthelot. Quant à l'Hôtel Biron rien n'est encore fini. Le principe de prendre quelques sculptures de Mlle Say me fait grand plaisir.

Cet hôtel est tout petit et je ne sais pas comment on fera pour les salles.

Il y aurait à ajouter quelques constructions, pour elle comme pour moi. Mais quelque [*sic*] soit la proportion si la chose se finie [*sic*] elle aura sa place.

Auguste Rodin
à Mathias Morhardt, 9 juin 1914

À l'époque de cet échange épistolaire, Rodin a déjà entamé les démarches pour la création d'un musée regroupant l'ensemble de son œuvre, ses archives et ses collections. Les négociations sont freinées, mais pas arrêtées, par la Première Guerre mondiale et le musée Rodin est finalement crée dans l'hôtel Biron avant que l'artiste ne décède le 17 novembre 1917.

Entre-temps, Mathias Morhardt avait tenté de rapprocher le sculpteur et Paul Claudel. Ce dernier refuse à plusieurs reprises qu'une salle du musée Rodin soit réservée à la sculpture de Camille et que le nom des deux amants soient réunis sous un même toit. C'est seulement après l'exposition organisée en 1951, pour laquelle l'écrivain écrit la préface du catalogue, qu'une salle regroupera des œuvres de Camille notamment celles que Paul donne à cette occasion : la première étude en plâtre de *L'Âge mur*, le bronze de la deuxième version ainsi que le plâtre de *Clotho* et le marbre de *Vertumne et Pomone*. La collection s'enrichit en 1963 d'une version de *La Valse* en bronze, d'un petit marbre du *Persée* et des *Causeuses* en onyx; en 1968, un bronze de *L'Implorante* et *La Petite Châtelaine* en marbre rejoignent le musée, avant l'acquisition de *La Vague* en onyx en 1995, de *Tête au chignon* en 2003 et de la *Jeune fille à la gerbe* en 2004. Mais ce sont surtout les recherches et les publications qui voient le jour au cours des années 1980 qui brisent le silence : la thèse de doctorat de Jacques Cassar en 1981, une pièce de théâtre puis une biographie romancée d'Anne Delbée publiée en 1982, *L'Interdite* d'Anne Rivière, publiée en 1983, suivie d'une deuxième exposition au musée Rodin et au musée Sainte-Croix de Poitiers sous la direction de Monique Laurent et Bruno Gaudichon en 1984 et enfin d'un ouvrage de sa petite-nièce Reine-Marie Paris, la même année. Tous auront été à leur manière les artisans de

la redécouverte puis du véritable engouement que va connaître l'artiste auprès du grand public. Si, longtemps, Paul a occupé le devant de la scène et monopolisé le nom des Claudel, son article « Ma sœur Camille », publié en 1951, donne le ton : dorénavant dans l'esprit d'un grand nombre, le prénom Camille suffit à évoquer la grande artiste.

BIBLIOGRAPHIE

Catalogues raisonnés et correspondance

- Paris, Reine-Marie, La Chapelle, Arnaud de, *L'Œuvre de Camille Claudel,* catalogue raisonné, Paris, Adam Biro-Arhis, 1991.
- Gaudichon, Bruno et Rivière, Anne, *Camille Claudel*, Paris, Adam Biro, 2000.
- Paris, Reine-Marie, *Camille Claudel re-trouvée*, catalogue raisonné, Paris, Aittouarès, 2000.
- Camille Claudel, *Correspondance*, éd. Anne Rivière et Bruno Gaudichon. Coll. «Art et Artistes», Gallimard, 2003.

Catalogues d'expositions

- *Camille Claudel*, par Marcel Aubert et Cécile Goldscheider, Paris, musée Rodin, 1951.
- *Camille Claudel (1864-1943)*, par Monique Laurent et Bruno Gaudichon, Paris, musée Rodin et Poitiers, musée Sainte-Croix, 1984.
- *Camille Claudel*, par Nicole Barbier, Martigny, fondation Pierre Gianadda, 1990.
- *Camille Claudel*, par Nicole Barbier, Paris, musée Rodin, 1991.

Autres ouvrages

- Ayral-Clause, Odile, *Camille Claudel, A Life*, New York, Abrams, 2002.
- Butler, Ruth, *Rodin, La Solitude du génie*, Paris, Gallimard-musée Rodin, 1998.
- Cassar, Jacques, *Dossier Camille Claudel*, Paris, Librairie Séguier, 1987.
- Claudel, Paul, *Journal*, t. I et II, Paris, La Pléiade, Gallimard, 1969.
- Delbée, Anne, *Une femme*, Paris, Presses de la Renaissance, 1982.
- Le Normand-Romain, Antoinette, *Camille Claudel et Rodin, Le temps remettra tout en place*, coll. «Tout l'œuvre», musée Rodin, 2003.
- Morhardt, Mathias, «Mlle Camille Claudel», in *Mercure de France*, mars 1898.
- Paris, Reine-Marie, *Camille Claudel*, Paris, Gallimard, 1984.
- Pinet, Hélène, *Rodin. Les mains du génie*, Paris, coll. «Découvertes», Gallimard, 1988.
- Pingeot, Anne et *al.*, «*L'Âge mûr* de Camille Claudel», *Les Dossiers du musée d'Orsay*, n° 25, Paris, Éditions de la RMN, 1988.

ŒUVRES DE CAMILLE CLAUDEL DANS LES MUSÉES FRANÇAIS

- Abbeville, musée Boucher-de-Perthes, *Psaume* (bronze).
- Alès, musée-bibliothèque Pierre-André-Benoît, *Étude pour la tête de L'Hamadryade* (bronze).
- Aurillac, musée de Parieu, *Buste de Rodin* (bronze).
- Avignon, musée Calvet, *Jeune Romain* (bronze).
- Bagnols-sur-Cèze, musée Albert-André, *L'Implorante* (réduction, bronze).
- Beaufort-en-Vallée, musée Joseph-Denais, *La Petite Châtelaine* (bronze).
- Cambrai, musée municipal, *L'Abandon* (grand modèle, bronze).
- Château-Gonthier, musée municipal, *Portrait de la comtesse de Maigret* (fusain).
- Châteauroux, musée Bertrand, *Buste de Paul Claudel à treize ans* (bronze), *Sakountala* (plâtre).
- Château-Thierry, musée Jean-de-La-Fontaine, *Buste de Ferdinand de Massary* (plâtre), *Buste de Paul Claudel à trente-sept ans* (bronze).
- Cherbourg, musée Thomas-Henry, *Giganti* (bronze).
- Clermont-Ferrand, musée d'Art Roger-Quilliot, *Buste de Louise de Massary* (bronze).
- Draguignan, musée des Beaux-Arts, *Rêve au coin du feu* (marbre).
- Guéret, musée municipal, *Buste de Rodin* (bronze).
- Honfleur, musée Eugène-Boudin, *Femme de Gérardmer* (fusain).
- Laon, musée archéologique municipal, quatre reproductions anciennes de dessins.
- Lille, musée des Beaux-Arts, *Giganti* (bronze), *Buste de Louise de Massary* (terre cuite).
- Martigues, musée Ziem, *Buste de Rodin* (plâtre ciré).
- Montauban, musée Ingres, *Buste de Charles Lhermitte* (bronze).
- Paris, musée du Petit-Palais, *Buste de Rodin* (bronze).
- Paris, musée d'Orsay, *L'Âge mûr* (bronze, grand modèle), *Torse de Clotho* (plâtre).
- Paris, musée Rodin, *L'Âge mûr* (1re vers., plâtre et 2e vers., bronze), *La Petite Châtelaine* (marbre), *Persée* (marbre), *Paul Claudel à trente-sept ans* (bronze), *L'Implorante* (réduction, bronze), *Clotho* (plâtre), *Les Causeuses* (vers. en plâtre ; vers. en onyx ; vers. en bronze), *La Valse* (bronze), *Buste de Rodin* (vers. en plâtre ; vers. en bronze), *Vertumne et Pomone* (marbre), *La Vague* (onyx et bronze), *Tête au chignon* (bronze).
- Poitiers, musée Sainte-Croix, *L'Abandon* (réduction), *La Valse* (bronze), *La Fortune* (bronze), *Niobide blessée* (bronze), *Profonde Pensée* (marbre), *Profonde Pensée* (bronze, personnage seul).
- Roubaix, musée d'Art et d'Industrie, *Buste de Rodin* (bronze), *La Petite Châtelaine* (marbre).
- Toulon, musée d'Art et d'Archéologie, *Jeune Romain* (bronze).
- Toulouse, musée des Augustins, *Jeune Romain* (bronze).
- Tourcoing, musée des Beaux-Arts, *Jeune Romain* (bronze).

TABLE DES ILLUSTRATIONS

Abréviations
MR : musée Rodin
BMD : Bibliothèque Marguerite Durand

en plâtre, photographie d'Eugène Druet. MR.
34b A. Rodin, *Jeune Fille au bonnet*, avant 1887, terre cuite, 25,7 x 15 x 18,7 cm. MR.
35 A. Rodin, *Camille Claudel*, avant 1887, masque en plâtre, 22,8 x 17 x 16 cm. MR.
36h *Giganti* ou *Tête de brigand*, 1885, bronze, 32 x 26 x 27 cm. Lille, musée des Beaux-Arts, don A. de Rothschild, 1892.
36b A. Rodin, *Galatée*, 1889, marbre, 60,8 x 40,6 x 39 cm. MR, legs du Dr Faure à la ville d'Aix-les-Bains, 1942 ; échangé contre des bronzes, 1948.
37g *Jeune Fille à la gerbe*, avant 1887, terre cuite, 36 x 21 x 21 cm. Coll. part.
37d Carnet d'adresses non autographe d'A. Rodin rassemblant par corps de métier les praticiens, modeleurs, marchands de marbre, etc., pages consacrées aux modèles. Paris, Archives du musée Rodin (AMR).
38g et **38m** *Jeune Romain* ou *Mon frère* de face et de dos, 1886, plâtre patiné, 50,5 x 46 x 29 cm. Coll. part.
38d *Buste de Louise Claudel*, 1886, terre cuite, 49 x 22 x 25 cm. Lille, musée des Beaux-Arts, don Léon Gauchez, 1892.
39 La famille Claudel au balcon du 31, boulevard du Port-Royal, vers 1886-1888, photographie. Coll. part.
40-41h La digue-promenade à Cowes sur l'île de Wight, 1889, photographie. Coll. Roger Viollet.
40b-41m Confession de Camille, 16 mai 1888, in *An Album to record opinions, thoughts, feelings…* ayant appartenu à Florence Jeans. MR, don Stephen Back, 1992.
41b *Florence Jeans*, 1886, fusain avec rehauts de craie blanche et de crayon rouge sur papier bistre, 57 x 40,5 cm. Coll. part.
42 Portrait de Camille en toilette de ville, 1886, photographie d'Étienne Carjat. Coll. part.
43h Portrait de Rodin, vers 1890, photographie d'Adolphe Braun. MR.
43b Extrait d'une lettre de Rodin à Camille, vers 1886 (?). MR.
44 Deuxième étude pour *Sacountala*, vers 1886-1888, terre cuite, 22 x 19 x 12 cm. Coll. part.
45h Première étude pour *Sacountala*, vers 1886-1888, terre cuite, 17 x 14 x 12 cm. Coll. part.
45b A. Rodin, *L'Éternelle idole*, 1889, plâtre, 73,2 x 59,2 x 41,1 cm. MR.
46 Camille travaillant à *Sacountala* et Jessie Lipscomb, 117, rue Notre-Dame-des-Champs, 1887, épreuve gélatinoargentique de William Elborne. MR.
47 *Vertumne et Pomone*, 1905, marbre, 92 x 80 x 42,5 cm. MR.
48h Facture d'Adolphe Gruet pour la fonte du *Buste de Rodin*, 8 octobre 1892. MR.
48b *Buste d'Auguste Rodin*, vers 1888-1889, bronze, fonte A. Gruet, 40,4 x 24,6 x 28 cm. MR, don Eugène Rudier, 1950.
49 La Folie Neufbourg, 68, bd d'Italie, vers 1890, photographie. MR.
50 *Paul Claudel à vingt ans*, 1888, crayons de couleur, 43 x 34 cm. Coll. part.
51h Portrait de Charles Lhermitte, vers 1888, photographie. Coll. part.
51b *Buste de Charles Lhermitte*, 1889, bronze, 32 x 30 x 20 cm. Coll. part.
52h A. Rodin, *Le Château de L'Islette*, mine de plomb, 18,2 x 23 cm. MR.
52m Extrait d'une lettre de Camille à Rodin, [juillet 1891]. MR.
53 *La Prière* ou *Psaume*, 1889, bronze, 45 x 31,5 x 38 cm. Abbeville, musée Boucher-de-Perthes.

CHAPITRE 3

54 *Les Causeuses* (détail), 1897, onyx et bronze, 44,9 x 42,2 x 39 cm. MR.
55 Carte de visite de Camille adressée à Rodin, [1896 ?]. MR.
56h *Le Collage*, 1893, plume et encre brune sur papier crème, 21 x 26,2 cm. MR.
56b A. Rodin, *L'Adieu*, vers 1893-1895, plâtre, 38,3 x 45,2 x 30,6 cm. MR.
57 Portrait de Camille au chapeau, vers 1889, photographie de César. Coll. part.
58 *La Valse*, 1893, dessin à la plume, encre brune sur papier crème, 23 x 15 cm. Coll. part.
59g Le modèle de *La Petite Châtelaine* de L'Islette, vers 1890-1895, photographie. Coll. part.
59d *La Petite Châtelaine*, vers 1893, masque en plâtre, 28 x 18 x 13 cm. Coll. part.
60hg et **60mg** *La Petite Châtelaine* de dos et de face, 1895, marbre à la natte droite, 33 x 28 x 22 cm. Coll. part.
60hm, 60mm et 61 *La Petite Châtelaine* de dos et de profil, 1895, marbre à la natte courbe épaisse, 33 x 28 x 22 cm. MR.
60hd et **60mg** *La Petite Châtelaine* de dos et de profil, 1895, bronze à la natte courbe, fonte A. Gruet, 33 x 28 x 22 cm. Beaufort-en-Vallée, musée Joseph Denais, don A. de Rothschild, 1896.
60bg et **60bd** *La Petite Châtelaine* de face et de profil, 1896, marbre aux cheveux tout à jour, 44 x 34 x 35 cm. Roubaix, musée d'Art et d'Industrie.
62 *Clotho* de face, 1893, plâtre, 90 x 49,5 x 43 cm. MR.
63 *Clotho* de dos, 1893, plâtre, 90 x 49,5 x 43 cm. MR.
64-65 *La Valse*, 1905, bronze grand modèle, fonte E. Blot, 46,4 x 35,7 x 19,7 cm. Coll. part.

CHAPITRE 4

91 *Vertumne et Pomone* (détail), *idem.*
92 *Niobide blessée*, 1907, bronze, 90 x 50 x 55 cm. Poitiers, musée Sainte-Croix.
93h Portrait de Paul Claudel, vers 1905, photographie. Coll. part.
93b *Louis-Prosper Claudel*, vers 1905 (?), crayon et fusain, 58 x 48 cm. Coll. part.
94 *La Pensée* de Rodin, vers 1900-1910, épreuve gélatinoargentique de Jacques-Ernest Bulloz. MR.
95 L'asile d'aliénés de Montdevergues, carte postale ancienne. Montfavet, Archives du Centre hospitalier.
96 *La Valse* (détail), après 1893, bronze, 43,2 x 23 x 34,3 cm. MR, ancienne collection Joanny Peytel, acquis en 1963.

TÉMOIGNAGES ET DOCUMENTS

97 Signature de Camille Claudel extraite d'une lettre au directeur (?) du Midland Counties Museum, [16 août 1886]. Nottingham, Castle Museum Exhibitions Archive.
98 Portrait de Camille, photographie de César, *in* « Les femmes et les féministes », *Revue encyclopédique Larousse*, 28 novembre 1896. BMD.
101 Couverture de la revue *Femina*, 1er mai 1903. BMD.
102 Couverture du catalogue d'exposition de Camille Claudel à la galerie Eugène Blot, 5, boulevard de la Madeleine, du 4 au 16 décembre 1905. BMD.
108 Paul Claudel posant avec le buste de sa sœur par Rodin, 1951, photographie. Coll. part.
109g *Torse de femme debout*, plâtre, vers 1882-1885, *in* « Camille Claudel statuaire », de Paul Claudel, *L'Art décoratif*, juillet 1913, photographie Lémery.
109m et **109d** *Clotho*, marbre, vers 1893, *idem.*
110 et **111** *L'Aurore*, 1908, bronze, fonte E. Blot, 33 x 30 x 23,5 cm. Coll. part.
117 Camille à Montdevergues, 1929, photographie de W. Elborne. Coll. part.
118 et **119** Vues de la salle Camille Claudel au musée Rodin, photographies de Jérôme Manoukian. MR.

INDEX DES ŒUVRES DE CAMILLE CLAUDEL

A - B

C - D

F - G - H - J

M - N - P

R - S - V

INDEX

A

B - C

D

E - F - G

H - I - J

K - L

CRÉDITS PHOTOGRAPHIQUES

Archives Gallimard / P. Léger 1, 2, 3, 4, 5, 6-7, 8-9, 60hg, 60mg, 74b, 75h, 79, 85, 87hd, 88h, 88b, 89, 90h, 96, 98, 101, 102, 110, 111. Archives du Centre hospitalier, Montfavet 95. Archives Reine-Marie Paris 12, 14-15h, 16, 17b, 18h, 19h, 21, 32, 39, 42, 57, 59g, 80b, 83, 87hg, 90b, 108, 109g, 109m, 109d, 117. Archives R.-M. Paris/Denis Bernard 41b, 44, 45h, 59d. Archives R.-M. Paris/Christian Bonnard 22b, 30h. Archives R.-M. Paris/David Bordes 30b. Archives R.-M. Paris/François Jannin 2e plat, dos, 20d, 58, 64-65, 81, 86, 87b. Archives R.-M. Paris/Heinz Preisig 92. Archives R.-M. Paris/Asahi Shimbun 13, 37g, 51b, 53, 84b. Archives R.-M. Paris/Gakuji Tanaka 25b, 50, 82b, 93b. Archives municipales de Fère-en-Tardenois 14-15b. Archives nationales, Paris 33h. Bibliothèque Historique de la Ville de Paris/G. Leyris 82h. Bibliothèque municipale, Nantes 65h. Bibliothèque des Musées Royaux des Beaux-Arts de Belgique, Bruxelles 69d. BnF, Paris 18b, 23, 31, 67, 69g, 77h. Centre d'iconographie genevoise, Genève 74h. Centre des Monuments Nationaux, Paris/Patrick Cadet 17h. Coll. part. 51h. Coll. part. Martine et Jean-Michel Colarossi 22h. Coll. part. René Crochard 19b. Conservation des musées de Maine-et-Loire/B. Rousseau 60hd, 60md. Documentation du musée d'Orsay, Paris 84h. D.R. 78, 80h, 93h. École nationale supérieure des Beaux-Arts, Paris 25h. Musée d'Art et d'Histoire, Genève/Jean-Marc Yersin 70, 71. Musée Paul Dubois-Alfred Boucher, Nogent-sur-Seine 20g, 24. Musée Rodin, Paris 11, 26, 28, 29, 34h, 40b-41m, 43h, 43b, 46, 48h, 49, 52m, 55, 66, 75b, 94, 118, 119. Musée Rodin, Paris/Béatrice Hatala 52h. Musée Rodin, Paris/Erik et Petra Hesmerg 47, 60mm, 91. Musée Rodin, Paris/Bruno Jarret 45b, 54. Musée Rodin, Paris/Adam Rzepka 1er plat, 27, 34b, 35, 36b, 48b, 56h, 56b, 60hm, 61, 62, 63, 73, 76. Musées de Châteauroux/Hôtel Bertrand 68. Musées de Poitiers/Ch. Vignaud 33b. Nottingham City Museums and Galleries 97. RMN/M. Bellot 60bg, 60bd. RMN/H. Lewandowski 38d. RMN/R. G. Ojeda 36h. Roger Viollet/LL 40-41h. Anne Schaefer 38g, 38m, 72h, 72b.

REMERCIEMENTS

Les auteurs et les éditions Gallimard tiennent à remercier l'équipe du musée Rodin et tout particulièrement Jacques Vilain, Antoinette Le Normand Romain, Claudie Judrin, Sylvester Engbrox, Jérôme Manoukian, Véronique Mattiussi et Vincent Brocvieille, ainsi que Marc Durand, Yves Lacasse, Monique Le Pelley Fonteny, Laure de Margerie, Anne de Mondenard, Anne Pingeot, Hélène Rouvier, Arielle Semenoff. Ils remercient aussi Jacques Piette, conservateur du musée Paul Dubois-Alfred Boucher de Nogent-sur-Seine, la Bibliothèque Marguerite Durand, Michèle Naturel du Musée Bertrand de Châteauroux, Martine et Jean-Michel Colarossi, René Crochard, Gérard Formel de la SMAF, Henri Kuras du Service des Archives du Centre Hospitalier de Montfavet, Claudine Sainlot de la Bibliothèque municipale de la Ville de Nantes, Anne Schaefer et Jacques Tréfouël.

ÉDITION ET FABRICATION

DÉCOUVERTES GALLIMARD
COLLECTION CONÇUE PAR Pierre Marchand.
DIRECTION Élisabeth de Farcy.
COORDINATION ÉDITORIALE Anne Lemaire.
GRAPHISME Alain Gouessant.
COORDINATION ICONOGRAPHIQUE Isabelle de Latour.
SUIVI DE PRODUCTION Fabienne Brifault.
SUIVI DE PARTENARIAT Madeleine Giai-Levra.
RESPONSABLE COMMUNICATION ET PRESSE Valérie Tolstoï.
PRESSE David Ducreux et Alain Deroudilhe.
CAMILLE CLAUDEL, LE GÉNIE EST COMME UN MIROIR
ÉDITION Caroline Larroche.
ICONOGRAPHIE Marjorie Marlein.
MAQUETTE Pascale Comte. LECTURE-CORRECTION Isabelle Dessommes et Brigitte Mugel.
PHOTOGRAVURE Station Graphic.

Reine-Marie Paris, petite-nièce de Camille Claudel, est spécialiste de l'œuvre de l'artiste. Licenciée d'histoire-géographie, elle obtient sa maîtrise d'histoire de l'art sur Camille Claudel en 1982. Elle a publié *Camille Claudel* (Gallimard, 1984), *L'Œuvre de Camille Claudel* (Adam Biro-Arhis, 1991), *Camille Claudel re-trouvée* (Aittouarès, 2000; nouvelle édition 2004, corrigée et augmentée). Elle a également été la conseillère historique du film *Camille Claudel* de Bruno Nuytten (1988). Elle collectionne depuis trente ans les œuvres de sa grand-tante et a présenté celles-ci dans plus de 80 expositions, tant en France qu'à l'étranger.

Hélène Pinet, chargée des collections de photographies du musée Rodin, est l'auteur de nombreuses publications sur la sculpture et la photographie, dont *Rodin sculpteur et ses photographes* (éd. Sers, 1985), « L'Inconnue de la Seine » (cat. *Le dernier portrait*, musée d'Orsay, 2002), « Charles Jeandel photographe » (*Revue 48-14*, 2003). Elle a été le commissaire des expositions « La photographie pictorialiste » (musée Rodin, 1993) et « Le photographe et son modèle » (Bibliothèque nationale, 1997). Elle est déjà l'auteur dans la collection « Découvertes » de *Rodin, les mains du Génie* et, dans la collection « Découvertes Hors Série », de *Rodin, Le Baiser*.

1er dépôt légal : novembre 2003
Dépôt légal : août 2006
Numéro d'édition : 145211
ISBN : 2-07-076479-6
Imprimé en France par Pollina - n° L40577